1 Mister Hand

AF690719

Ort	Garderobe, Gruppenraum
Ziele	Vertrauen aufbauen, Abschied erleichtern
Gruppengröße	bis 2 Kinder
Alter	ab 3 Jahren

Situation

Der Start in den Kita-Tag fällt nicht allen Kindern leicht. Je nach Tagesform lösen sich die Kinder schneller von ihren Bezugspersonen oder brauchen manchmal Unterstützung. Helfen Sie dem Kind beim Übergang in die Gruppe, damit es fröhlich durch den Tag gehen kann.

*Eine Handpuppe oder ein sprechendes Kuscheltier kann den Übergang erleichtern. Auch ein*e Freund*in kann an manchen Tagen beim Abschied hilfreich sein.*

***Hinweis:** Es ist wichtig, dem Kind empathisch gegenüberzutreten. Manche Kinder brauchen eine ruhige Stimme, andere mögen es lieber witzig. Gehen Sie situativ auf das Kind ein.*

Sprechen Sie mit den Bezugspersonen darüber, was das Kind an diesem Tag belastet, um im Tagesverlauf Situationen besser einschätzen zu können.

Begrüßungsritual

	Sprechen Sie die Sätze ruhig und gerne leicht rhythmisch.
Hallo (Name), ich hab dich schon gesehen. Hallo (Name), magst du nun mit mir gehen?	*Strecken Sie dem Kind die Hand entgegen, vielleicht möchte es mit Ihnen gehen. Wenn es noch nicht bereit dazu ist, nehmen Sie „Mister Hand" hinzu und sprechen Sie die Zeilen.*
Oh, sieh nur einmal, Mister Hand! Mister Hand kommt angerannt. Er winkt dir zu und sagt leise: „Hallo du!	*(alternativ den Namen nennen, dann reimt sich der Text nicht)*
Schön, dass du heute da bist, ich hätte dich sonst sehr vermisst! Bringst du mich in die Gruppe rein? Ich trau mich nicht allein."	*Je nach Situation berühren Sie das Kind vorsichtig, stupsen es an oder legen die Hand auf seinen Arm. Strecken Sie ihm die Hand entgegen. Das Kind kann sie ergreifen, muss es aber nicht.*

© Verlag an der Ruhr | Autorin: Kathrin Eimler | ISBN 978-3-8346-6676-5 | Glühbirne: © vectorplus; Handpuppen: © VikiVector – beide Shutterstock.com

Kathrin Eimler

Kleine Übergänge – große Hektik?

32 Rituale für einen geordneten Kita-Tagesablauf – *ein Karten-Set*

Verlag an der Ruhr

Impressum

Titel

Kleine Übergänge – große Hektik?
32 Rituale für einen geordneten Kita-Tagesablauf

Autorin

Kathrin Eimler

Illustrationen

Kinder: Cornelia Pompsch
Spiralen im Hintergrund: Verlag an der Ruhr

Lektorat

Corina Altmann

Druck

Drukarnia Dimograf Sp. z o.o., Bielsko-Biała, PL

Verlag an der Ruhr
Mülheim an der Ruhr
www.verlagruhr.de

© Verlag an der Ruhr 2024
Wilhelmstr. 20, 45468 Mülheim an der Ruhr
ISBN 978-3-8346-6676-5

Urheberrechtlicher Hinweis

Das Werk und seine Teile sind urheberrechtlich geschützt. Jede Verwendung in anderen als den gesetzlich zugelassenen Fällen oder außerhalb dieser Bedingungen bedarf der vorherigen schriftlichen Einwilligung des Verlages. Digitale Zusatzangebote, die über im Werk enthaltene QR-Codes/Links zum Download oder Stream angeboten werden, dürfen nur innerhalb der eigenen Gruppe/Einrichtung genutzt werden.

Die Weitergabe QR-Codes oder Download-Angeboten an Kolleg*innen, Eltern oder Kinder anderer Einrichtungen ist nicht gestattet.

Der Verlag untersagt ausdrücklich das digitale Speichern und Zurverfügungstellen dieser Materialien in Netzwerken (das gilt auch für Intranets von Schulen und sonstigen Bildungseinrichtungen), per E-Mail, Internet oder sonstigen elektronischen Medien außerhalb der gesetzlichen Grenzen. Kein Verleih. Keine gewerbliche Nutzung.

Näheres zu unseren Lizenzbedingungen können Sie unter www.verlagruhr.de/lizenzbedingungen/ nachlesen.

Der Anbieter behält sich eine Nutzung der Inhalte für Text und Data Mining im Sinne § 44b UrhG ausdrücklich vor.

PEFC
PEFC/32-31-076

PEFC-zertifiziert
Dieses Produkt stammt aus nachhaltig bewirtschafteten Wäldern und kontrollierten Quellen
www.pefc.pl

Inhaltsverzeichnis

Download der Audio-Dateien

Auf den Übungskarten führen die QR-Codes zu der jeweils relevanten Audio-Datei. Alle Audio-Dateien können Sie unter folgendem Link oder über das Einscannen des folgenden QR-Codes gesammelt herunterladen.

Passwort:
Übergänge

https://cloud.verlagruhr.de/lerninhalt/meJmQxppbCVe/

Sollten der Link und der QR-Code ihre Gültigkeit verlieren, wenden Sie sich bitte an *digitaleslernen@verlagruhr.de*.

QR Code is registered trademark of DENSO WAVE INCORPORATED.

Vorwort

Liebe pädagogische Fachkräfte,

Sie haben das Kartenset „Kleine Übergänge – große Hektik? 32 Rituale für einen geordneten Kita-Tagesablauf“ für sich und Ihre Kita-Kinder erworben. Davor haben Sie sich wahrscheinlich mit der Frage beschäftigt, wie Sie den Alltag mit seinen bestehenden Übergängen für die Kinder positiver und stressfreier gestalten können. Durch diese reflektierte und empathische Haltung bekommen Sie positiven Kontakt zu den Kindern, erfahren, wie es ihnen geht und auf welchem Entwicklungsstand sie stehen. Durch das Beobachten und Reflektieren von Situationen erhalten Sie einen realistischen Einblick, an welcher Stelle die Kinder Unterstützung benötigen und wo sie selbstständig zurechtkommen.

Im Alltag kommt es immer wieder zu herausfordernden Situationen. Mit Ihrer Unterstützung sind die Kinder in der Lage, den Tag mit seinen unterschiedlichsten (Stress-) Situationen besser bewältigen und wichtige Lernerfahrungen machen zu können.

Die Anregungen aus dem Kartenset sollen Ihnen dazu dienen, kleine Übergänge mit Liedern, Reimen, Versen, unterschiedlichen Spielen und Übungen zu gestalten, sodass die Kinder positive Erfahrungen aus der jeweiligen Gegebenheit ziehen und für sich etwas lernen können.

In diesem Booklet erhalten Sie nähere Informationen zu Übergängen in der Kita mit Beispielen, Gestaltungsmöglichkeiten und Hilfestellungen, zur zentralen Rolle der Bewegung sowie zum Einüben von Aufmerksamkeit und Konzentration.

Ich wünsche Ihnen viel Erfolg in Ihrer weiteren Arbeit und viele positive Erlebnisse mit den Ihnen anvertrauten Kindern.

Ihre Kathrin Eimler

freiberufliche Autorin für Kita und Krippe, Kinderbücher, Lesungen, Erzieherin, www.kathrin-eimler.de

Übergänge in der Kita

Übergänge, auch Transitionen genannt, sind Entwicklungsaufgaben, die alle Kinder bewältigen müssen. Darunter versteht man bedeutende Ereignisse, wie z. B. den Wechsel von der Betreuung zu Hause in die Krippe, von der Krippe in die Kita und von der Kita in die Grundschule. Es gibt auch Transitionen, die nicht jede*r[1] erlebt, die aber trotzdem einschneidend sind. Dazu gehört ein Umzug oder der Tod einer nahestehenden Person.

Jede Transition bringt eine Veränderung mit sich, die fundamental sein kann und ein hohes Maß an Entwicklungs- und Bewältigungsaufgaben erfordert. Die Kinder müssen mit der Situation zurechtkommen, eine neue Umgebung kennenlernen, sich mit fremden Personen auseinandersetzen und mit den damit verbundenen Gefühlen umgehen. Daher ist jeder Übergang mit einem gewissen Maß an Stress verbunden.

Im Kita-Alltag begegnen uns täglich auch kleine Übergänge. Diese werden Mikrotransitionen genannt. Gemeint sind Situationen, in denen die Kinder von einer Gegebenheit in die nächste wechseln, z. B. vom Spielen zum Aufräumen, vom Essen zum Händewaschen.

Die Bezugspersonen spielen hier eine wesentliche Rolle. Sie begleiten die Kinder auf ihrem Weg. Die Kinder zu beobachten, ihre Emotionen wahrzunehmen und bei der Bewältigung zu helfen, ist ausschlaggebend, damit die Kinder diese Aufgaben positiv für sich meistern können. Feinfühlig zu sehen und zu unterstützen, hilft den Kindern bei diesen wichtigen Entwicklungsaufgaben.

Je nach Alter, Erfahrung und Selbstsicherheit sind die Übergänge im Kita-Alltag für Kinder schwieriger oder einfacher zu bewältigen. Besucht ein Kind schon lange die Kita und ist es mit den Abläufen vertraut, fallen ihm die einzelnen Situationswechsel leichter. Ist ein Kind aber noch jung, mit der Sprache nur wenig oder gar nicht vertraut oder hat entwicklungsbedingt individuelle Aufgaben zu bewältigen, können die wechselnden Situationen mit unterschiedlichen Gefühlen behaftet sein und zu Unsicherheiten führen. Dies wiederum kann Stress auslösen, der sich in Weinen,

[1] *Der Verlag an der Ruhr legt großen Wert auf eine geschlechtergerechte und inklusive Sprache. Daher nutzen wir neutrale Formulierungen oder das Gendersternchen, um alle Menschen unabhängig von Geschlecht oder Geschlechtsidentität einzuschließen.*

Klammern, Herumlaufen oder auch aggressivem Verhalten äußern kann.

Auch unerwartete Veränderungen, wenn z.B. der Freund nicht gekommen ist, ein bestimmtes Spiel von anderen Kindern gespielt wird oder etwas Gebautes oder Gebasteltes kaputtgeht, kann für die Kinder frustrierend sein. Manche reagieren gelassen, andere brauchen Hilfe, um die Situation verarbeiten zu können.

Um diesem Stress, diesen Frustrationen vorzubeugen bzw. zu lernen, damit umzugehen, ist es unerlässlich, dass Sie die Kinder gut kennen. Durch Gespräche, Beobachtungen und Interaktionen erfahren Sie viel über deren Interessen und Bedürfnisse. Sie können ihr Verhalten besser einschätzen und wissen, was ihnen leicht- und schwerfällt. Auch Gespräche mit den familiären Bezugspersonen helfen, die Kinder zu verstehen. Wenn Sie von veränderten Gegebenheiten erfahren: Sprechen Sie mit den Kindern, holen Sie sie ab. Beugen Sie Frustrationen vor. Durch zugewandtes Verhalten zeigen Sie dem Kind, dass Sie da sind. Sie geben ihm Sicherheit.

Im Idealfall gestaltet sich der Tagesablauf so, dass Sie die Bedürfnisse der Kinder individuell sehen und darauf eingehen können. In Zeiten personeller Engpässe ist das nicht immer machbar. Versuchen Sie dennoch, alle Kinder im Blick zu haben, und achten Sie besonders auf die Kinder, die viel Zuwendung benötigen.

Beispiele für Übergänge und herausfordernde Situationen

Jeder Tag ist voller kleiner Übergänge und stressiger Momente. Einige werden vom Tagesablauf bestimmt, andere ergeben sich durch plötzliche Veränderungen. Im Folgenden werden solche Gegebenheiten kurz skizziert.

Übergänge im Tagesablauf

Abschied von der Bezugsperson

Kinder müssen sich von ihren Bezugspersonen trennen. Aus der vertrauten Umgebung mit wenigen Personen heraus kommen sie in eine Gruppe mit vielen unterschiedlichen Menschen und Charakteren. Das kann Unsicherheit verursachen und Traurigkeit hervorrufen. Die Kinder können sich einsam und verloren fühlen. Sie brauchen durch die Fachkraft eine individuelle Begleitung in den Start des Kita-Tages.

Aufräumsituation

Die Kinder sind in ihr Spiel vertieft und leben in ihrer eigenen Fantasiewelt. Diese müssen sie nun verlassen und sich wieder in der Realität zurechtfinden. Auch andere aktuelle Tätigkeiten, wie z. B. Kreativarbeiten oder das Lesen einer Geschichte, müssen unterbrochen werden. Die Kinder können die Arbeit nicht zu Ende führen, was zu Frust, Unlust und Lärm führen kann. Ritualisierte Verse oder Lieder können hier helfen.

In der Garderobe beim Umziehen

Wenn die Zeit auf dem Spielplatz bevorsteht, müssen sich die Kinder anziehen. Oft befinden sich dann viele Kinder gleichzeitig in der Garderobe, einige brauchen Hilfe beim Anziehen und meist ist es recht eng. Durch diese Umstände entsteht oft Unruhe und es ist laut. Die pädagogische Fachkraft kann nur einzelnen Kindern helfen, andere müssen warten. Erinnern Sie die Kinder mit kleinen Versen an ihre Aufgabe.

Wenn die Möglichkeit besteht, sollten sich nicht alle Kinder gleichzeitig in der Garderobe aufhalten. Ist es nicht möglich, dass sich die Kinder nacheinan-

der umziehen, sollte eine Fachkraft mit den ersten angezogenen Kindern auf das Außengelände gehen. Auch das Warten, bis alle angezogen sind, kann zu Langeweile und noch mehr Unruhe führen.

Nach dem Essen/vor dem Händewaschen

Die Kinder haben während des Essens einige Zeit still gesessen. Nun können nicht alle zugleich in den Waschraum gehen, einige Kinder müssen warten. Das fällt nach der Zeit des Sitzens schwer. Die Kinder werden unruhig, Langeweile entsteht. Mit kleinen Spielen helfen Sie, die Wartezeit zu überbrücken.

Vor dem Schlafen

Das Umziehen fällt besonders den Jüngeren schwer. Nach einem anstrengenden Vormittag sind die Kinder müde und können schnell frustriert sein, wenn etwas nicht klappt. Auch Erlebnisse und Eindrücke vom Tag können sich in ihren Stimmungen widerspiegeln. Die Umzieh- und Schlafsituation ist intensiv und persönlich. Vertrauen und Feinfühligkeit der Fachkraft ist erforderlich. Zeit zum Ins-Bett-Gehen und ein Einschlafritual helfen den Kindern, sich zu entspannen und zur Ruhe zu kommen.

Herausfordernde Situationen in Spielbereichen

Im Baubereich

Die Kinder haben sich angestrengt und etwas Großartiges gebaut. Dieses fällt nun von allein um oder wird umgeworfen. Das erzeugt Wut und Frust. Vielleicht möchte ein*e Freund*in nicht mehr mitspielen oder eine Person, die ein Kind nicht mag, kommt neu zum Spielen hinzu. Dies können für die Kinder schwierige Situationen sein, in denen Sie als Fachkraft sie unterstützen sollten. Gespräche, ein passendes Spiel oder Mitmachideen eignen sich dazu.

Am Maltisch

Im Kreativbereich gestalten Kinder Kunstwerke. Sie malen, schneiden, basteln und kleben eifrig. Ärgerlich wird es hier, wenn jemand aus Versehen oder absichtlich auf ein fremdes Bild malt, die Lieblingsfarbe fehlt oder ein Kind die Stiftebox nicht erreichen kann. Vor Wut können Bilder zerknüllt werden oder Stifte durch die Gegend fliegen.
Mit geeigneten Übungen finden die Kinder wieder zur Konzentration. Unterstützen Sie sie dabei.

Im Rollenspielbereich

Die Kinder tauchen in unterschiedliche Welten ein und ahmen Rollen nach. Hier können z. B. Konflikte entstehen, wenn zwei Kinder die gleiche Person spielen möchten, das Essen falsch gekocht wird oder die Spielvorstellung generell auseinandergeht. Manchmal möchte auch das „falsche" Kind mitspielen, was zu Auseinandersetzungen führen kann. Beim Aufräumen wird es manchmal schwierig, wenn die Kinder sehr aktiv mit vielen Materialien gespielt haben. Mit kleinen Übungen oder Liedern können Sie sie unterstützen und ihnen bei der Problemlösung helfen.

Im Gruppenraum

An manchen Tagen sind die Kinder unruhig, stören sich gegenseitig und es ist laut in der Gruppe. Die Kinder rennen umher; es fällt ihnen schwer, sich auf ihr Spiel einzulassen. Das kann daran liegen, dass sie sich aufgrund des Wetters wenig bewegt haben oder wichtige Ereignisse (Geburtstag, Feste etc.) bevorstehen. Mit einfachen Bewegungsspielen, die die Kinder mitten im Gruppenraum durchführen können, werden sie ihre überschüssige Energie los. Anschließend sind sie besser in der Lage, sich konzentriert zu beschäftigen.

Herausfordernde Situationen im Tagesverlauf

Im Morgenkreis

Der gemeinsame Sitzkreis findet oft zu Beginn des Tages statt. Die Kinder sind dann oft unruhig, können schlecht sitzen bleiben, reden durcheinander und haben Schwierigkeiten, zuzuhören. Oft ist Bewegungsmangel eine Ursache. Beheben Sie diesen durch gezielte Übungen, sodass die Kinder ausgeglichener und konzentrierter sind und dem Morgenkreis aufmerksam folgen können.

Vor dem Essen

Vor dem Mittagessen sind die Kinder meist entweder müde, weil sie ihre Energie am Vormittag aufgebraucht haben, oder aktiv und aufgewühlt, da sie die Erlebnisse des Tages noch verarbeiten. Das zeigt sich darin, dass sie auf dem Stuhl herumrutschen oder immer wieder aufstehen. Hier können Entspannungs- oder Körperwahrnehmungsübungen Abhilfe schaffen. Die Kinder fokussieren sich auf sich selbst, ihre Atmung oder ihren Körper und entspannen dadurch. Nun schaffen sie es leichter, sich auf das Mittagessen einzulassen.

Im Bewegungsraum

Im Bewegungsraum haben die Kinder vielfältige Möglichkeiten, aktiv zu sein, sich auszuprobieren und ihrem Bewegungsdrang nachzugehen. Sie trainieren ihre Motorik, das Gleichgewicht, Kraft und Koordination. Um mit den Kindern abzusprechen, welche Regeln es gibt, welche Stationen aufgebaut sind etc., müssen sie Ihnen aufmerksam zuhören. Je nach Tagesform fällt das aber einigen Kindern schwer. Sie sind so voller Energie, dass sie gleich losrennen. Andere finden nicht ins Spiel, weil sie mit ihren Gedanken woanders sind. Zu wissen, welche Regeln es im Bewegungsraum gibt, ist aber wichtig, um Verletzungen vorzubeugen. Bieten Sie den Kindern kurze Sequenzen an, in denen sie sich bewegen können und sich dadurch intensiv spüren, in denen ihre Muskeln gebraucht werden und sie Kraft dosieren müssen. Durch diese Übungen verbrauchen die Kinder Energie und sind wieder in der Lage, Ihnen zuzuhören.

Im Waschraum

Der Waschraum bietet ebenfalls immer wieder Anlässe für herausfordernde Situationen, denn Wasser ist ein beliebtes Element. Manche Kinder lassen das Wasser lange über ihre Hände laufen und genießen den Wasserstrahl, was andere Kinder vom Händewaschen abhält. Durch Ungeduld entsteht Streit. Manche Kinder spritzen gerne mit Wasser, was andere nicht lustig finden, oder sie steigen ins Spiel mit ein. Einige Kinder waschen sich gar nicht die Hände oder nur die Fingerspitzen. Hier müssen Sie auf die Handhygiene hinweisen, was den Kindern nicht gefällt, weil sie gerade gar keine Zeit zum Händewaschen haben, wenn der*die Spielkamerad*in wartet. Nicht zuletzt kann es im Waschraum auch mal lauter werden, da, baulich bedingt, wenig Lärmschutz angebracht werden kann. Greifen Sie das Interesse am Wasser auf und führen Sie Experimente oder Geschicklichkeitsspiele durch, bei denen sich die Kinder konzentrieren müssen. Dadurch kommen sie zur Ruhe.

Übergänge gestalten

Wie Sie sehen, bietet ein Tag viele kleine Übergänge. Wichtig ist es, die Übergänge durch Struktur und Rituale transparent zu gestalten. Stehen Sie den Kindern zur Seite und unterstützen Sie sie in ihren Gefühlen und Handlungen.

Erleichtern Sie Kindern Übergänge, indem Sie mit ihnen den Tagesablauf besprechen. Finden Sie Rituale, die einzelne Tagesabschnitte ankündigen. Rituale bieten Sicherheit. Die Kinder wissen, was auf sie zukommt, und können sich besser auf die Situationen einstellen. Je mehr die Kinder in die Tagesgestaltung und den Ablauf eingebunden sind, desto mehr verinnerlichen sie diese und können die Übergänge leichter bewältigen.

Steht ein neuer Tagesabschnitt bevor, kündigen Sie diesen rechtzeitig an. Lassen Sie z. B. kurz vor der Aufräumzeit ein akustisches Signal ertönen. Ein erster Gongschlag kündigt das baldige Ende der Spielzeit an, der zweite sagt, dass jetzt das Spielende erreicht ist. Die Kinder lernen das Ritual des Gongschlages kennen und können sich so innerlich auf die wechselnde Situation einstellen.

Planen Sie insgesamt ausreichend Zeit für die Übergänge ein. Das nimmt Ihnen und den Kindern den (Zeit-)Druck. Je mehr Sie sich innerlich auf die nächste Phase vorbereiten, desto leichter können Sie sich auf diese einlassen.

Kinder leben in einer magischen Welt und sind sehr in ihr Spiel vertieft. Das ist auch gut so, denn auf diese Art lernen sie am besten. Doch leider gibt die Tagesstruktur manchmal vor, die Kinder da herauszuholen. Auch wenn es herausfordernd ist, sollten Sie versuchen, ruhig zu bleiben. Je mehr Ruhe und Gelassenheit Sie ausstrahlen, desto mehr davon überträgt sich auf die Kinder. Dadurch fällt es ihnen ebenfalls leichter, sich auf Neues einzulassen. Sie haben bestimmt schon erlebt und beobachtet, dass alles länger dauert, wenn mehr Stress und Zeitdruck auf die Kinder einwirkt. Sie mahnen die Kinder zur Eile und die Kinder werden immer langsamer. „In der Ruhe liegt die Kraft" oder „Gut Ding will Weile haben" sind Sprichwörter, die Ihnen bestimmt bekannt sind.

Versuchen Sie, den Tagesablauf möglichst flexibel zu gestalten. Wenn Sie merken, dass die Kinder ins Spiel vertieft sind, verschieben Sie den Morgenkreis oder das Nach-draußen-Gehen um einige Minuten und geben Sie den Kindern ein paar Momente mehr, in ihrem Spiel zu verweilen. Manchmal bietet es sich auch an, einen Punkt im Tagesablauf zu streichen oder variabel zu gestalten. Es müssen nicht immer alle Kinder mit nach draußen gehen oder einige gehen schon früher. Je mehr Sie auf die Bedürfnisse und Interessen der Kinder eingehen, desto leichter fällt es diesen, sich auf veränderte Gegebenheiten einzulassen.

Hilfestellungen bei der Bewältigung von Übergängen

Übergänge funktionieren nicht immer reibungslos und unproblematisch. Nicht alles lässt sich flexibel gestalten, manche Veränderungen sind durch die Tagesstruktur vorgegeben. In diesen Situationen kann es für manche Kinder hilfreich sein, ein Übergangsobjekt – hier steckt schon das Thema im Wort selbst – zu haben. Dies kann ein Kuscheltier, ein kleiner Stein oder ein anderer beliebiger Gegenstand sein, der dem Kind wichtig ist. Übergangsobjekte geben den Kindern Halt und Sicherheit und helfen ihnen, besser zurechtzukommen.

Auch kleine Spiele oder Rituale helfen Kindern, sich auf neue Situationen einzulassen. In diesem Kartenset finden Sie unterschiedliche Reime, Lieder, Spielideen oder Übungen für verschiedene Gegebenheiten am Kita-Tag. Ob für konkrete Übergangssituationen, für einzelne Spielbereiche in stressigen Momenten oder besondere Zeiten am Tag – die Impulse sollen Ihnen und den Kindern helfen, sich leichter auf neue Situationen einlassen zu können. Die Ideen eignen sich für zwischendurch, für einzelne Kinder, Kleingruppen oder auch für die gesamte Gruppe.

Bewegung als zentraler Aspekt

Wie Sie feststellen werden, sind die meisten Impulse in diesem Kartenset mit Bewegungen verbunden. – Warum? Übergangssituationen sind herausfordernd für Kinder, da sie emotional gefordert sind. Um sich aus Situationen lösen und auf andere einlassen zu können, müssen sich die Kinder physisch und auch psychisch von den derzeitigen Tätigkeiten trennen. Die Gedanken müssen sich der neuen Situation zuwenden. Das erfordert ein gewisses Maß an Aufmerksamkeit und Konzentration.

Durch Bewegung entstehen Aufmerksamkeit und Konzentration. Wenn der Körper in Bewegung ist, arbeitet das Gehirn besser. Durch die bewegte Gestaltung von Übergängen ist das Kind demnach aufmerksam und kann sich besser auf sich und das Umfeld konzentrieren.

Beim Bewegen benötigt der Mensch fünf Grundfähigkeiten: Kraft, Ausdauer, Schnelligkeit, Koordination und Beweglichkeit. Werden diese Grundfähigkeiten regelmäßig trainiert, steigert sich die Kondition und der gesamte Bewegungsapparat wird gekräftigt und stabilisiert. Dies beugt wiederum Verletzungen vor. Das Risiko von Herz-Kreislauf-Erkrankungen, Übergewicht, Diabetes, Krebserkrankungen und Osteoporose sinkt, wenn man sich körperlich betätigt. Auch die psychische Gesundheit profitiert von sportlichen Tätigkeiten. Die Stimmung steigt, man bekommt ein besseres Körpergefühl und eine positivere Einstellung zu seinem Körper.[2]

Bewegung im Allgemeinen ist folglich wichtig, um gesund zu bleiben. Eine sogenannte Bewegungspyramide (z. B. abrufbar auf der österreichischen Website „forum. ernaehrung heute“) erklärt, welche Art von Bewegung Kinder bzw. Erwachsene täglich durchführen sollten, um gesund zu bleiben und die Grundfähigkeiten zu trainieren.

Bewegung und Lernen

Durch Bewegung erkunden Kinder ihre Umwelt. Sie schulen ihre Wahrnehmung, machen Raumerfahrungen, entwickeln ein Körperbewusstsein und fordern und fördern ihre Koordination und ihr Gleichgewicht. Die Kinder trainieren Kraft und Ausdauer. Der Stoffwechsel wird angeregt und so die gesamte körperliche Entwicklung gefördert. Sie nehmen sich selbst wahr, sodass ein Selbstbewusstsein entsteht.

Durch Bewegungen gelangt mehr Sauerstoff in den Körper und das Gehirn. Es werden Zentren im Gehirn aktiviert und

---

[2] *vgl. Nietz, Pia; Mibs, Michael; Hoffmann, Volker (30.12.2021): „Was ist Bewegung?“, Link: https://www.stiftung-gesundheitswissen.de/wissen/gesuender-leben-mit-bewegung/was-ist-bewegung#:~:text=Ausdauer%2C%20Kraft%2C%20Beweglichkeit%2C%20Koordination,von%20Bewegung%20in%20unterschiedlichem%20Ma%C3%9Fe (aufgerufen am 22.07.2024).*

versorgt, die für die Informationsverarbeitung zuständig sind. Je aktiver das Kind ist, desto aktiver arbeitet das Gehirn. Neuronale Netzwerke und neue Synapsen entstehen. Aufmerksamkeit und Konzentration werden erhöht. Das Kind lernt leichter und kann sich Gelerntes besser merken. Neues zu verarbeiten, gelingt einfacher, wenn Kinder agieren und ganzheitlich in Prozesse eingebunden sind und diese aktiv mitgestalten können. Sind sie mit ihrem gesamten Körper und mit allen Sinnen aktiv, lernen sie am erfolgreichsten.[3]

Das bewegte Lernen beginnt bereits im Mutterleib. Kaum sind die Kinder auf der Welt, werden nach kurzer Zeit spannende Mobiles mit den Augen verfolgt, Hände und Füße in den Mund gesteckt, Stofftiere befühlt, Bälle gerollt – und so geht die Entwicklung voran. Je älter die Kinder werden, desto mehr bewegen sie sich, um die Welt um sich herum und sich selbst wahrzunehmen und zu begreifen. Dieses Wissen kann und sollte man sich im Kita-Alltag zunutze machen. Verknüpft man z.B. Texte mit Bewegungen und Rhythmus, merken sich die Kinder diese besser. Lernerfolge werden schneller wahrnehmbar, was sich positiv auf das Selbstbewusstsein des Kindes auswirkt.

Bewegung im Alltag

Kinder haben einen natürlichen Bewegungsdrang. Sie rennen, hüpfen und balancieren, wenn sie die Möglichkeit dazu haben. Schaffen Sie im Alltag möglichst viele Bewegungsanlässe:

- Gehen Sie nach draußen. Dort gibt es vielfältige Möglichkeiten zum Klettern, Springen, Laufen und Balancieren. Auch beim Fahrzeugfahren trainieren die Kinder ihre Motorik, Kraft und Koordination.
- Nutzen Sie den Bewegungsraum. Ob Bewegungsbaustellen oder angeleitete Spiele – die Kinder sind aktiv, aber auch konzentriert, sie hören zu und führen Bewegungsaufgaben aus.
- Gestalten Sie Flure so, dass Kinder diese zum Spielen und Bewegen nutzen können.

[3] *vgl. Mallwitz, Carina (17.05.2016): „Warum Bewegung die Konzentration fördert“, Link: https://ruecken-zentrum.de/blog/2016/05/17/alle/warum-foerdert-bewegung-die-konzentration/#:~:text=K%C3%B6rperliche%20Bewegung%20beeinflusst%20gleich%20mehrfach,mit%20Sauerstoff%20und%20Glukose%20f%C3%BChrt (abgerufen am: 22.07.2024).*

- Je nach Gruppenraum bietet es sich an, Bewegungsecken einzurichten. Vielleicht haben Sie Platz für eine zweite Ebene, ein kleines Klettergerüst, eine Sprossenwand oder Sitzelemente zum Draufsteigen.
- Verzichten Sie weitestgehend auf Tische und Stühle, damit die Kinder Platz haben. Sie werden sich automatisch mehr bewegen, wenn es um sie herum nicht so eng ist. Enge grenzt Bewegungen ein.
- Bieten Sie Materialien an, die dazu einladen, sich zu bewegen und aktiv zu werden. Das können große Kartons sein, Decken und Tücher oder auch große Pappröhren.

Je unterschiedlicher und abwechslungsreicher Ihr Material- und Bewegungsangebot ist, desto aktiver werden die Kinder sein. Durch das Hantieren mit den Materialien wird zudem nicht nur die Bewegung, sondern auch die Fantasie gefördert. Jede Aktivität regt die Kinder außerdem an, sich sprachlich zu entwickeln. Bewegung fördert und fordert die Kinder in allen Bereichen.

Aufmerksamkeit und Konzentration üben

Die Konzentrationsspanne von Kindern ist unterschiedlich lang. Je älter die Kinder werden, desto länger können sie sich konzentrieren. Dies kann man auch üben.

Gestalten Sie Übungen, in denen die Kinder ihre Aufmerksamkeit auf eine Sache lenken. Lassen Sie sie Dinge beobachten und beschreiben. Auch gezielte Körperübungen, in denen Kinder sich spüren, in sich hineinhorchen und sich entspannen, können die Konzentration fördern.

Bei Über-Kreuz-Aufgaben, also Bewegungen, bei denen die Körpermittellinie überschritten wird, müssen sich die Kinder intensiv auf die Bewegung konzentrieren, um diese koordiniert ausführen zu können. Dies soll helfen, die Konzentration zu fördern und ebenfalls Emotionen leichter ausdrücken zu können. Auch Traumreisen, Fehlergeschichten, einfache Zählübungen oder Geschichtenausdenken sind Methoden, um die Konzentration der Kinder zu fördern, indem diese ihre Aufmerksamkeit auf nur eine Aufgabe richten. Sie können die Kinder unterstützen, indem Sie eine reizarme Umgebung generieren. Ermutigen Sie die Kinder in ihrem Tun, anstatt sie unter Druck zu setzen. Denken Sie an Pausen, ausreichend Nahrung und reichen Sie immer wieder Getränke.

Durch Bewegung zur Ruhe kommen

Neben dem allgemeinen Bewegungsdrang, der sich bei allen Kindern täglich zeigt, gibt es auch Momente, in denen Kinder innerlich unruhig sind. Ob durch Streit mit anderen Kindern, Langeweile oder Gedankenkarussells durch bevorstehende Ereignisse – Kinder können aufgewühlt sein. Das äußert sich häufig durch Rennen in der Gruppe, laute Worte, Zappeln oder Herumrutschen auf dem Stuhl. Das Ganze ist oft verbunden mit Unaufmerksamkeit, Ungeduld oder Müdigkeit.

Innere Unruhe zeigt, dass Kinder nicht mit sich im Reinen sind. Doch was brauchen die Kinder, um wieder zu sich zu finden? Die Antwort liegt auch hier u. a. in der Bewegung. Die Bewegungsmomente dürfen gerne mit Wahrnehmungsübungen verknüpft sein, damit die Kinder sich spüren:

- den Körper durch Abklopfen, Stampfen oder Berührungen wahrnehmen,
- Atemübungen zum Innehalten,
- Konzentrationsübungen, die auf einzelne Körperteile gerichtet sind,
- Lieder, die durch Bewegungen begleitet werden und dadurch beruhigen.

Die Möglichkeiten sind auch hier vielfältig. Sollten Sie den Zustand der inneren Unruhe und Unausgeglichenheit jedoch über einen längeren Zeitraum beobachten, suchen Sie das Gespräch mit den Eltern, um Ursachen zu klären und dem Kind zu helfen.

Bewegte Rituale

Der Tag im Kindergarten folgt einem Schema, das den Kindern nicht immer ersichtlich ist. Trotzdem gibt es eine gewisse Struktur, die die Kinder entdecken können. Durch Rituale, also gleichbleibende Abläufe helfen Sie ihnen, diese Strukturen zu erfassen. Rituale geben Orientierung und Sicherheit. Die Kinder erleben sich als Teil

einer Gruppe, weil alle Kinder zur selben Zeit das Gleiche machen. Rituale helfen den Kindern, Übergänge zu meistern. Sie fühlen sich sicherer, wenn die Verabschiedung am Morgen immer gleich abläuft, dasselbe Aufräumzeichen erklingt, derselbe Tischspruch gesagt wird, und sie finden sich im Tagesablauf besser zurecht.

Rituale lassen sich ebenfalls mit Bewegung erleben. Ob ein Fingerspiel zur Begrüßung am Morgen, ein Spruch mit Bewegungen vor dem Aufräumen oder ein Lied mit einer kleinen Aktivität vor dem Einschlafen – es gibt viele Möglichkeiten, den Kindern die Übergänge zu erleichtern. Auch hier hilft das Aktiv-Sein, sich auf sich selbst zu konzentrieren, aufmerksam zu sein und sich wahrzunehmen. Dadurch werden die Gedanken sortiert und das Kind ist in der Lage, sich auf den nächsten Punkt im Tagesablauf einzustellen.

Der Hektik entgegenwirken

„Wie man in den Wald hineinruft, so schallt es heraus" – sagt schon ein altes Sprichwort. Versuchen Sie selbst, möglichst ruhig und gelassen zu sein, und seien Sie ein positives Vorbild. Ihre Stimmung überträgt sich auf die Kinder – ob Sie hektisch und gestresst oder gut gelaunt und ausgeglichen sind. Je ruhiger und geduldiger Sie sich verhalten, desto ausgeglichener werden auch die Kinder sein.

Was kann Ihnen helfen, diese Grundstimmung herzustellen? Im Folgenden bekommen Sie dafür ein paar kleine Tipps.

- Organisieren Sie den Alltag. Je besser der Tag geplant und strukturiert ist, desto weniger hektische Momente treten auf. Planen Sie die Wochentage, überlegen Sie, welche Aktivitäten anstehen. Gibt es Geburtstage etc.? Welche Materialien brauchen Sie, welche Briefe müssen verteilt werden und welche Gespräche finden statt?

- Planen Sie für den Tagesablauf und Aktivitäten ausreichend Zeit ein. Hektik entsteht, wenn die Zeit nicht reicht. Manchmal ist auch hier weniger mehr – lassen Sie einen Tagespunkt aus, um für den Rest ausreichend Zeit zu haben.
- Reflektieren Sie den Alltag. Passt der Tagesablauf zu meiner Gruppe? Wie viel Material ist in der Gruppe? Gibt es zu viele äußere Reize für die Kinder? Könnte an der Raumgestaltung etwas geändert werden? Gibt es Rückzugsmöglichkeiten oder auch Entspannungsecken?
- Beobachten Sie die Kinder, um Stimmungen herauszufinden. Wie geht es den Kindern? Wo liegen die Interessen und Bedürfnisse und wie kann es gelingen, sie zu befriedigen? Was braucht das einzelne Kind im Moment? Nur ein zufriedenes Kind ist ein glückliches Kind. Je ausgeglichener die Kinder sind, desto weniger hektisch wird es im Alltag sein. Holen Sie die Kinder da ab, wo sie stehen, und gehen Sie empathisch auf sie ein. Die Kinder fassen Vertrauen und damit geht alles einfacher.
- Wenn es doch mal hektisch wird, atmen Sie tief durch. Nehmen Sie sich einen Augenblick Zeit und sehen Sie aus dem Fenster. Betrachten Sie – auch mit den Kindern gemeinsam – die Natur. Beschreiben Sie, was zu sehen ist, und finden Sie auf diese Weise die innere Ruhe wieder.
- Bauen Sie für alle entspannte Pausen in den Tagesablauf ein. Ob es ein tiefes Durchatmen im Morgenkreis ist, gezielte Entspannungszeiten mit Yoga oder Traumreisen, Vorlesestunden etc. Die Möglichkeiten sind vielfältig. Bieten Sie einzelnen Kindern oder der gesamten Gruppe diese Entspannungsmomente an.

Nicht alles ist immer möglich. Jeder Tag ist anders. Es gibt unruhige und ausgeglichene Kinder und Gruppen, die Stimmungen schwanken, es gibt Personalengpässe, viele Aufgaben nebenbei und alles muss irgendwie unter einen Hut gebracht werden. Doch mit ein bisschen Planung und Reflexion, Einfühlungsvermögen und positiver Einstellung wird es Ihnen gelingen, den Kita-Alltag mit den Kindern zu meistern und die Hektik außen vor zu lassen.

Inhalt und Aufbau der Karten

Kinder müssen sich angenommen fühlen und Vertrauen entwickeln, um sich im Alltag zurechtfinden zu können. Sie müssen sich selbst wahrnehmen und sich auf sich selbst konzentrieren können, um ihre Gedanken und Gefühle zu ordnen. An dieser Stelle setzen die Ideen und Impulse dieses Kartensets an.

Das Set besteht aus 32 Karten, die unterschiedliche Gegebenheiten beleuchten und dazu passende Impulse liefern. Die Übergänge sind dabei in drei Kategorien unterteilt: Übergänge im Tagesablauf, Übergänge in Spielbereichen und sonstige Übergänge.

Auf der Kartenvorderseite erfahren Sie, für welche Situation, Altersgruppe und Gruppengröße das Angebot gedacht ist und welche Ziele es verfolgt. Auf der Rückseite finden Sie die entsprechenden Liedtexte, Verse, Spielanleitungen und anderen Impulse, meist mit dazugehörigen Bewegungsanleitungen.

Übersicht über die Karten

Übergänge im Tagesablauf

	Karte	Audio
Mister Hand - *Begrüßungsritual*	1	
Im Kindergarten - *Fingerspiel*	2	
Anziehreim - *Körperwahrnehmung*	3	⊗
Achtung! - *bewegter Rhythmus*	4	⊗
Hört her, liebe Kinder! - *Aufräumlied*	5	⊗
Hallo Kinder! - *Aufräumvers*	6	
Ist der Stuhl stabil? - *Körperwahrnehmung*	7	
Ruhevogel - *Entspannungsübung*	8	
Flüsterland - *Flüsterspiel*	9	
Tipp, tipp, tipp - *Tischklopf-Spruch*	10	
Mäusekrümel - *Fingerspiel*	11	
Traumstern - *Einschlafvers*	12	⊗
Ich ruh mich gleich aus - *Einschlaflied*	13	⊗

Übergänge in Spielbereichen

	Karte	Audio
Auf dem Bauteppich - *Mitmachgedicht*	14	
Turmbau - *Spielideen*	15	
Bauteppich-Rap - *Sprechgesang*	16	⊗
Finger-Fit - *Fingermassage*	17	
Balancierstift - *Geschicklichkeitsübung*	18	
Ich klopfe - *Über-Kreuz-Übung*	19	⊗
Wie das duftet - *Atemübung*	20	
Aufräumen klappt wunderbar - *Klatschvers*	21	⊗
Ich streck den Arm nach oben - *Bewegungsvers*	22	
Zippelzappel - *Bewegungsspiel*	23	

Sonstige Übergänge

	Karte	Audio
Sitzboogie - *rhythmischer Sitztanz*	24	⊗
Der kleine Bär - *Klatschspiel*	25	
Was ich alles machen kann - *Bewegungslied*	26	⊗
Schaukle, schaukle, liebes Kind - *Schaukellied*	27	⊗
Tierisches Wettrennen - *Bewegungsidee*	28	
Elefantentanz - *Mitmachgedicht*	29	⊗
Auto im Schlamm - *Körperwahrnehmung*	30	
Spiegelbild - *Körperwahrnehmung*	31	
Wassertropfen-Fangen - *Experiment*	32	

2 Im Kindergarten

Ort	Garderobe, Morgenkreis
Ziele	Übergang erleichtern, Vertrauen aufbauen, Sprachförderung
Gruppengröße	bis 2 Kinder
Alter	ab 3 Jahren

Situation

Morgens in den Kindergarten zu gehen und sich von der vertrauten Bezugsperson zu lösen, ist für manche Kinder schwer. Vielleicht gab es auch Streit mit Freund*innen oder die Nacht war unruhig. Unterstützen Sie das Kind beim Ankommen mit einem kleinen Fingerspiel. Zeigen Sie ihm, was es in der Kita zu erleben gibt. Mit dem letzten Satz erkennt es, dass Sie sich auf das Kind freuen.

Hinweis: *Das Fingerspiel eignet sich auch zum Spielen im Morgenkreis oder zwischendurch.*

Sprechen Sie den Text ruhig und begleiten Sie ihn mit den Bewegungen. Versuchen Sie dabei, das Kind in das Spiel mit einzubeziehen. Hat das Kind ein Lieblingsfingerspiel? Spielen Sie dieses mit dem Kind und bauen Sie auf diese Weise eine Brücke zum Gruppenalltag.

*Nehmen Sie eine*n Freund*in des Kindes mit und spielen Sie das Fingerspiel gemeinsam. Fordern Sie das ankommende Kind behutsam auf, das Fingerspiel mitzuspielen.*

Fingerspiel

In der Kita ist viel los, hier spielen die Kinder, ob klein oder groß.	*mit den Fingern zappeln*
Das erste liest ein Buch: „... der kleine Bär, der freut sich sehr ...“	*Daumen anfassen, imaginäres Buch halten*
Das zweite verkleidet sich mit einem Tuch: „Ich bin ein Gespenst, huhuhu!“	*Zeigefinger anfassen, Gespenst imitieren*
Das dritte möchte Häuser bauen: „Stein auf Stein, das Häuschen wird bald fertig sein!“	*Mittelfinger anfassen, Fäuste übereinanderstapeln*
Das vierte malt einen Drachen mit großen Klauen: „Chrchrchr!“	*Ringfinger anfassen, mit den Fingern zappeln, Fauchgeräusche*
Das fünfte weiß nicht, mit wem es spielen soll, das findet es nicht toll.	*kleinen Finger anfassen, traurig sprechen, Kopf schütteln*
Da kommen die anderen angerannt und nehmen es an seine Hand!	*Finger zappeln, sich selbst die Hand geben*
Ganz laut rufen alle vier: „Los, komm, wir alle spielen hier!“	*Hände reiben*
Da läuft das fünfte fröhlich mit – meine Kita ist ein echter Hit.	*Finger zappeln, Daumen hoch*
Es sagt zu dir: „Ich muss jetzt gehen. Ich freue mich, dich gleich zu sehen.“	*das Kind ansehen, winken, Hand hinter dem Rücken verstecken*

© Verlag an der Ruhr | Autorin: Kathrin Eimler | ISBN 978-3-8346-6676-5 | Glühbirne: © vectorplus; Kind: Colorfuel Studio – beide Shutterstock.de

3 Anziehreim

Ort	Garderobe
Ziele	sich auf das Anziehen konzentrieren, Sprachförderung
Gruppengröße	ganze Gruppe
Alter	ab 3 Jahren

Hier finden Sie die Audio-Datei zum Angebot.

https://cloud.verlagruhr.de/lerninhalt/D0upiJVz8C5f/

Situation

In der Garderobe geht es oft lebhaft zu. Viele Kinder ziehen sich gleichzeitig an, häufig muss man sie daran erinnern, was sie alles anziehen müssen. Mit diesem Spruch, den sie zu Beginn oder auch während der Anziehsituation sprechen können, werden die Kinder daran erinnert, was sie alles benötigen.

Hinweis: *Beginnen Sie alle Verse mit folgenden Worten, um die Aufmerksamkeit der Kinder zu erlangen:*

Arme ganz hoch ausgestreckt,

die Arme in die Luft strecken

das Anziehen wird nun entdeckt.

den Kopf mit den Fingerspitzen kraulen

Körperwahrnehmung

Frühling und Herbst	Ich zieh die Regenhose an,	*auf die Oberschenkel klopfen*
	die Regenjacke folgt sodann.	*über Kreuz auf die Oberarme patschen*
	Stiefel brauch ich für die Pfütze,	*mit den Füßen stampfen*
	auf den Kopf setz ich die Mütze.	*auf den Kopf tippen*
	Meinen Schal zieh ich noch an,	*mit den Händen am Hals kitzeln*
	damit ich spielen gehen kann.	*auf der Stelle gehen*
Sommer	Ich ziehe die Sandalen an, damit ich gut laufen kann.	*auf die Füße tippen, auf der Stelle gehen*
	Auf dem Kopf der Sonnenhut, ja, der steht mir wirklich gut.	*auf den Kopf tippen*
	Eingecremt bin ich – na klar, denn die Sonne ist auch da.	*Wangen und Arme streicheln,* *Kreis in die Luft malen*
Winter	Ich zieh die Winterhose an,	*auf die Oberschenkel klopfen*
	die Winterjacke folgt sodann.	*über Kreuz auf die Oberarme patschen*
	In die Stiefel schlüpfe ich,	*mit den Füßen stampfen*
	die Mütze brauch ich sicherlich.	*auf den Kopf tippen*
	Nun noch Schal und Handschuh an,	*mit den Händen am Hals kitzeln, Hände reiben*
	damit ich spielen gehen kann.	*auf der Stelle gehen*

© Verlag an der Ruhr | Autorin: Kathrin Eimler | ISBN 978-3-8346-6676-5 | Gummistiefel: © alexdndz; Sandalen: © N.Petrosyan – beide Shutterstock.com

4 Achtung!

Ort	Garderobe
Ziele	durch Bewegung und Rhythmus konzentriert zuhören, Sprachförderung, Rhythmusgefühl
Gruppengröße	ganze Gruppe
Alter	ab 3 Jahren

Hier finden Sie die Audio-Datei zum Angebot.

https://cloud.verlagruhr.de/lerninhalt/rnj4OI5Z3CIS/

Situation

Wenn alle Kinder in der Garderobe sind, kann es laut zugehen. Es gibt Situationen, in denen Sie den Kindern noch etwas sagen oder die allgemeine Lautstärke ein wenig herunterregeln möchten. Gewinnen Sie die Aufmerksamkeit der Kinder, indem Sie diesen Rhythmus anstimmen. Die Kinder werden begeistert mitmachen und sich nach dieser kurzen Bewegungseinheit besser ihrer Aufgabe, dem Anziehen, widmen können.

Bewegter Rhythmus

Stellen Sie sich an den Rand der Kindergruppe, sodass Sie alle im Blick haben. Sprechen Sie das Wort „Achtung!“ laut aus, um die Aufmerksamkeit der Kinder zu erhalten. Sprechen Sie den Vers silbenbetont und begleiten Sie ihn mit den passenden Bewegungen. Die Kinder werden schnell mitmachen.

Achtung!	*laut aussprechen, dabei Arme hochheben*
Ar – me re – cken, Hän – de klat – schen,	*Arme hochrecken, in die Hände klatschen*
Fü – ße stamp – fen, Bei – ne pat – schen,	*mit den Füßen stampfen, mit beiden Händen auf die Oberschenkel patschen*
Hän – de an die Oh – ren le – gen,	*Hände lauschend hinter die Ohren legen*
und ein – mal ganz gut zu – hö – ren.	*Pst! – Finger an die Lippen legen, diese Zeile flüstern*
Wir zie – hen uns nun al – le an,	*Hände über Kreuz auf die Schultern klopfen*
da – mit gleich je – der spie – len kann.	*Hände über Kreuz die Oberarme reiben*
Und das ma – chen wir ganz lei – se	*Handflächen leise aneinanderklatschen*
je – der schnell auf sei – ne Wei – se.	*Hände reiben*

© Verlag an der Ruhr | Autorin: Kathrin Eimler | ISBN 978-3-8346-6676-5 | Winterkleidung: © Natalia Hoffmann – Shutterstock.com

5 Hört her, liebe Kinder!

Ort	Gruppenraum
Ziele	Übergang zum Aufräumen erleichtern, Sprachförderung
Gruppengröße	ganze Gruppe
Alter	ab 3 Jahren
Material	ggf. Triangel, Gong o. Ä.

Hier finden Sie die Audio-Datei zum Angebot.

https://cloud.verlagruhr.de/lerninhalt/nS7nyCz0RDyk/

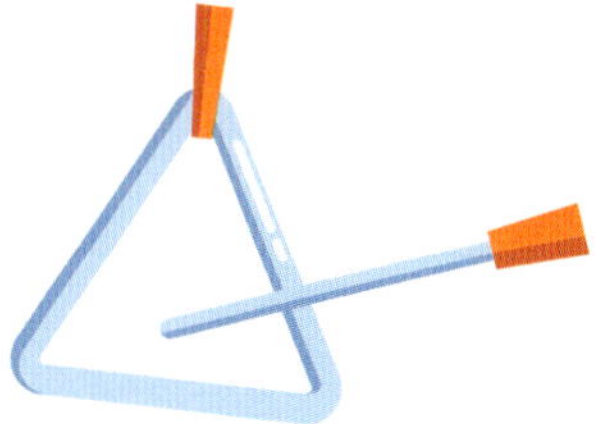

Situation

Die Spielzeit nähert sich dem Ende, das Aufräumen wird eingeläutet. Das Spiel zu unterbrechen, ist oft nicht einfach. Unterstützen Sie die Kinder mit einem schwungvollen Lied – so geht das Aufräumen leichter von der Hand. Kündigen Sie das Ende der Spielzeit ein paar Minuten vor dem Aufräumlied mit einem akustischen Signal an. Schlagen Sie dazu z. B. einen Gong oder eine Triangel.

Ändern Sie am Ende den Text und singen Sie, was der nächste Punkt im Tagesablauf ist, z. B. „... und dann geht es hinaus" oder „... und dann turnen wir".
Die Kinder erkennen den Grund des Aufräumens. Das schafft Sicherheit und erleichtert den Übergang.

Aufräumlied

Hört her, liebe Kinder,	*Hände hinter die Ohren legen*
die Spielzeit ist nun leider aus.	*Hände entschuldigend zur Seite strecken*
Wir räumen jetzt zusammen	*Arme umeinanderrollen*
die ganze Gruppe auf.	*einen Kreis zeigen*

Refrain:

Wir räumen, wir räumen	*Arme umeinanderrollen*
nun ganz schnell unser Spielzeug ein.	*in die Hände klatschen*
Wir räumen, wir räumen	*Arme umeinanderrollen*
die ganze Gruppe auf.	*einen Kreis zeigen*

Alle Kinder krempeln	*mit dem Finger auf einzelne Kinder zeigen*
als Erstes ihre Ärmel hoch	*imaginäre Ärmel hochschieben*
und dann geht es ratzfatz los:	*Hände reiben*
Das Aufräumen fängt an!	*Arme umeinanderrollen*

Refrain:

Wir räumen, wir räumen ...	*Arme umeinanderrollen ...*

Wiederholen Sie die letzten vier Zeilen so oft Sie mögen.

Hinweis: *Singen Sie das Lied auf die Melodie „Ich hol mir eine Leiter" (Verfasser*in unbekannt).*

© Verlag an der Ruhr | Autorin: Kathrin Eimler | ISBN 978-3-8346-6676-5 | Glühbirne: © vectorplus; Triangel: © Look_Studio; Spielzeug: © UpicL – alle Shutterstock.com

6 Hallo Kinder!

Ort	Gruppenraum
Ziele	Aufmerksamkeit durch Bewegung, Konzentration, Sprachförderung
Gruppengröße	ganze Gruppe
Alter	ab 3 Jahren

Situation

Die Kinder sind in ihr Spiel vertieft und schon steht das Ende des Freispiels an, weil eine Geburtstagsfeier ansteht, die Sonne die Kinder nach draußen lockt oder die Turnhalle wartet. Die Kinder müssen ihr Spiel unterbrechen und sich aus ihrer Fantasiewelt wieder zurück in die Realität begeben. Unterstützen Sie die Kinder mit diesem Vers dabei, den Weg leichter zu finden.

Leiten Sie den Aufräumvers mit einem akustischen Signal ein, um die Aufmerksamkeit der Kinder zu bekommen.

***Hinweis:** Setzen Sie Ihre Stimme ein, sprechen Sie je nach Textinhalt lauter bzw. leiser.*

Stellen Sie sich so in die Gruppe, dass möglichst alle Kinder Sie sehen können. Auf diese Weise fällt es ihnen leichter, die Bewegungen nachzuahmen.

Aufräumvers

Hallo Kinder, schubidu!	*mit den Händen einen Kreis über dem Kopf zeigen*
Hallo Kinder, hört mal zu!	*Hände hinter die Ohren legen*
Hallo Kinder, jetzt geht's los!	*Hände reiben*
Hallo Kinder, macht euch groß!	*Arme nach oben recken*
Wir klatschen, wir klatschen	*in die Hände klatschen*
und stampfen mit dem Fuß.	*mit den Füßen stampfen*
Wir klatschen, wir klatschen	*in die Hände klatschen*
und jetzt geht es los!	*mit den Füßen stampfen*
Wir laufen auf der Stelle	*auf der Stelle laufen*
und sind dabei ganz schnelle.	*auf der Stelle laufen*
Wir machen uns bereit,	*Hände reiben*
denn jetzt ist Aufräumzeit!	*Hände reiben*
Alle Kinder helfen mit,	*einen großen Kreis mit den Armen zeigen*
das Aufräumen wird dann ein Hit!	*in die Hände klatschen*
Und nun geht es los geschwind,	*auf der Stelle laufen*
damit wir ganz schnell fertig sind!	*in die Hände klatschen*
Hipp, hipp, hurra!	*3-mal, bei „hipp" stampfen, bei „hurra" die Arme jubelnd hochreißen*

© Verlag an der Ruhr | Autorin: Kathrin Eimler | ISBN 978-3-8346-6676-5 | Glühbirne: © vectorplus; Kind: © Colorfuel Studio – beide Shutterstock.com

7 Ist der Stuhl stabil?

Ort	am Esstisch, vor dem Essen
Ziele	Kraftdosierung, sich spüren, zu sich finden, Körperspannung
Gruppengröße	ganze Gruppe
Alter	ab 3 Jahren

Situation

Am Esstisch zu sitzen und in Ruhe zu essen, ist für viele Kinder eine Herausforderung. Wenn Sie merken, dass die Kinder unruhig werden, führen Sie diese kurze Übung durch. Als Zeitpunkt sind die Minuten vor dem Essen am besten geeignet, damit die Mahlzeit nicht unterbrochen wird.
Die Kinder werden bei dieser Aufgabe ihre Energie los, spüren sich und sind anschließend besser in der Lage, sich auf die Mahlzeit zu konzentrieren.
Bei dieser Übung dürfen die Kinder zusammen mit Fortis (lat. „stark") testen, ob die Stühle stabil sind, damit beim Essen kein Unfall passiert. Jedes Kind sitzt auf seinem Stuhl. Dieser sollte in etwas Abstand zum Tisch stehen, um Verletzungen vorzubeugen.

Die Kinder sollten mit den Füßen den Fußboden berühren können. Durch den Kontakt zum Fußboden spüren sich die Kinder, das Zappeln wird weniger. Sind die Stühle zu hoch, schrauben Sie ein Brett zwischen die vorderen Stuhlbeine, sodass die Kinder die Möglichkeit haben, ihre Füße abzustellen.

Körperwahrnehmung

Fortis möchte gleich Mittagessen – so wie du. Er sitzt auf einem Stuhl – so wie du. Bevor er anfängt, zu essen, möchte er aber wissen, ob der Stuhl auch wirklich stabil ist. Dafür hat er sich ein paar Tests ausgedacht.

Als Erstes prüft er, ob der Sitz fest ist. Er hält sich unten an der Sitzfläche fest und versucht, die Sitzfläche hochzuziehen. Das klappt, nichts knackt.

Anschließend schiebt Fortis seine Hände unter die Beine. Die Hände liegen nahe am Po. Er drückt auf die Sitzfläche. Fortis beugt den Oberkörper ein wenig vor und drückt. Der Po schwebt etwas in der Luft. Die Beine und Füße auch. Das ist nicht einfach und sehr anstrengend.

Als Nächstes testet Fortis, ob die Stuhllehne heile ist. Dafür legt er seine Arme hinter die Stuhllehne und hält seine Hände fest. Er drückt die Arme fest an den Stuhl, sodass sein Rücken an den Stuhl gepresst wird. Er drückt so fest, dass die Stuhllehne schon fast zu knacken anfängt. Aber sie bleibt heile. Nun legt er seine linke Hand an die rechte Seite der Stuhllehne und zieht daran. Jetzt legt er seine rechte Hand auf die linke Seite der Stuhllehne und zieht daran. Die Stuhllehne bleibt heile.

Nun muss Fortis noch die Stuhlbeine überprüfen. Dafür drückt er mit den Füßen von außen an die Stuhlbeine. Er drückt und drückt. Nichts bewegt sich. Als Letztes legt er die Füße von innen an die Stuhlbeine. Er versucht, sie nach außen zu drücken. Er drückt und drückt. Nichts knackt.

Der Stuhl ist stabil! Fortis ist froh und freut sich auf das Essen. Was es heute wohl gibt?

© Verlag an der Ruhr | Autorin: Kathrin Eimler | ISBN 978-3-8346-6676-5 | Glühbirne: © vectorplus; Junge: © Colorfuel Studio – beide Shutterstock.com

8 Ruhevogel

Ort	am Esstisch, vor dem Essen
Ziele	zur Ruhe kommen, sich spüren, Konzentration
Gruppengröße	ganze Gruppe
Alter	ab 3 Jahren

Situation

Vor dem Essen sind die Kinder an einigen Tagen durch den Vormittag ausgeglichen. An anderen Tagen sind sie unruhig. Damit alle ruhig und entspannt zu Mittag essen können, führen Sie vor Beginn der Mahlzeit diese Übung durch. Alle Kinder stellen sich dafür hinter ihren Stuhl. Durch das intensive und gleichmäßige Atmen kommen die Kinder zur Ruhe. Das anschließende Mittagessen kann konzentriert eingenommen werden.

Begleiten Sie die Übung stets mit ruhigen Worten. Führen Sie die Bewegungen mit den Kindern gemeinsam aus.

Hinweis: *Für die Übung benötigen die Kinder etwas Platz. Um einen reibungslosen Ablauf zu gewährleisten, sollte jedes zweite Kind seinen Stuhl ein wenig zurückziehen. Auf diese Weise vermeiden Sie, dass sich die Kinder gegenseitig beim Senken und Heben der Arme berühren.*

Entspannungsübung

Alle Kinder stehen hinter ihren Stühlen. Wiederholen Sie jede Übung 1-mal.

Der Ruhevogel steht still, ganz still, weil er gleich etwas essen will.
Er atmet tief ein und hebt dabei die Arme vor seinem Körper hoch, ganz hoch. Die Schultern zieht er an den Kopf. – Nun atmet er aus, breitet dabei seine Arme aus und lässt sie nach unten sinken.

Alle drehen sich seitlich zur Stuhllehne und halten sich an der Stuhllehne fest.

Der Ruhevogel steht still, ganz still, weil er gleich etwas essen will.
Er atmet tief ein und hebt dabei ein Bein hoch. Er hält die Luft an und das Bein schwebt in der Luft. – Nun atmet er langsam aus. Dabei stellt er den Fuß langsam auf den Boden zurück.

Wiederholen Sie diese Übung mit dem anderen Bein.

Der Ruhevogel steht still, ganz still, weil er gleich etwas essen will.
Er atmet tief ein und hebt dabei die Arme seitlich hoch, ganz hoch.
Die Schultern zieht er an den Kopf. – Nun atmet er aus.
Er legt die Hände aneinander und führt sie vor dem Körper herunter.

Der Ruhevogel steht still, ganz still, weil er gleich etwas essen will.
Er nimmt sich nun in seinen Arm. So wird ihm ganz gemütlich warm.
Er atmet noch einmal ein und aus – und setzt sich in sein Vogelhaus.

Die Arme sinken herab, jedes Kind setzt sich auf seinen Stuhl.

© Verlag an der Ruhr | Autorin: Kathrin Eimler | ISBN 978-3-8346-6676-5 | Glühbirne: © vectorplus; Vögel: © Hangouts Vector Pro – beide Shutterstock.com

9 Flüsterland

Ort	am Esstisch
Ziele	zur Ruhe kommen, Sprachförderung, aufeinander achten
Gruppengröße	ganze Gruppe
Alter	ab 3 Jahren

Situation

An manchen Tagen sind die Kinder quirlig und haben sich viel zu erzählen. Zeiten am Esstisch sollen grundsätzlich als Sprechanlass genutzt werden. Manchmal unterhalten sich die Kinder miteinander, doch es ist recht laut. Um wieder etwas Ruhe in die Gruppe zu bekommen und den Kindern trotzdem die Gelegenheit zum Sprechen zu geben, laden Sie sie ein, ins Flüsterland zu gehen.
Sprechen Sie gemeinsam den Spruch. Anschließend dürfen alle nur noch leise sprechen.

Flüsterspiel

Flüstern Sie: „1, 2, 3." Wiederholen Sie die Zahlen, bis Sie die Aufmerksamkeit der Kinder haben. Sprechen Sie anschließend folgenden Spruch und begleiten Sie diesen mit den Bewegungen:

1, 2, 3,	*mit den Fingern mitzählen*
Flüsterzeit herbei.	*zu sich winken*
4, 5, 6,	*mit den Fingern mitzählen*
wir sind jetzt verhext.	*Hände kreisen lassen, dabei mit den Fingern zappeln*
7, 8, 9, 10,	*mit den Fingern mitzählen*
ins Flüsterland wolln wir jetzt gehn.	*Hände reiben*

Wenn Sie feststellen, dass die Kinder ruhiger geworden sind oder die Mahlzeit zu Ende ist, beenden Sie die Flüsterzeit mit folgendem Vers:

1, 2, 3,	*mit den Fingern mitzählen*
die Zeit im Flüsterland ist nun vorbei.	*Hände kreisen lassen, dabei mit den Fingern zappeln*

© Verlag an der Ruhr | Autorin: Kathrin Eimler | ISBN 978-3-8346-6676-5 | Kinder: © Colorfuel Studio – Shutterstock.com

10 Tipp, tipp, tipp

Ort	am Esstisch, nach dem Essen
Ziele	zur Ruhe kommen, Konzentration, Koordination
Gruppengröße	ganze Gruppe
Alter	ab 3 Jahren

Situation

Nach dem Mittagessen, wenn die Kinder ihr Geschirr abgeräumt haben und darauf warten, in den Waschraum zu gehen, wird es oft unruhig. Überbrücken Sie die Zeit mit einem Tischklopf-Spruch. Die Kinder sind aktiv und es entsteht keine Langeweile.

Hinweis: *Der Spruch eignet sich zum Spielen mit allen Kindern oder einer Teilgruppe.*

Tischklopf-Spruch

	Sprechen Sie rhythmisch. Lassen Sie die Finger locker auf der Tischplatte hüpfen.
Tipp, tipp, tipp, tipp, tipp, tipp, die Finger machen tipp, tipp, tipp.	*vor sich tippen*
Hin und her, hin und her, das Tippen, das gefällt mir sehr.	*nach links und rechts tippen*
Vor, zurück, vor, zurück, Tippen ist ein großes Glück.	*nach vorn und wieder zurück tippen*
Raus und rein, raus und rein, auch so ist das Tippen fein.	*nach außen und wieder vor sich tippen*
Kreuzen nun, kreuzen nun, beim Tippen hab ich viel zu tun.	*abwechselnd über Kreuz und parallel tippen*
Doch tippe ich leis wie ne Maus, dann ist das Tipp-Spiel leider aus.	*leise vor sich tippen, bei „aus" die Fingerspitzen auf der Tischplatte liegen lassen, leise sprechen*

Variante

Patschen Sie mit den Händen oder klopfen Sie mit den Fäusten und/oder erhöhen Sie beim Spielen das Tempo.

© Verlag an der Ruhr | Autorin: Kathrin Eimler | ISBN 978-3-8346-6676-5 | Mädchen: © KanKhem – Shutterstock.com

11 Mäusekrümel

Ort	am Esstisch, nach dem Essen
Ziele	Konzentration, Feinmotorik, Sprachförderung
Gruppengröße	ganze Gruppe
Alter	ab 3 Jahren

Situation

Bei den Mahlzeiten sind oft nicht alle Kinder gleichzeitig fertig. Manchmal muss auch Zeit überbrückt werden, weil nur ein Teil der Kinder in den Waschraum gehen kann.
Wirken Sie der entstehenden Unruhe mit diesem zum Thema passenden Fingerspiel entgegen. Die Kinder nehmen noch einmal bewusst wahr, dass sie gegessen haben, und lernen spielerisch, dass der Boden nach dem Essen gefegt werden muss.

Hinweis: *Sie können das Fingerspiel mit allen Kindern oder auch nur mit einer Teilgruppe spielen.*

Fingerspiel

Der Becher ist leer und der Teller auch.	*mit den Händen imaginären Becher und Teller zeigen*
Die Kinder sind nun satt und voll ist ihr Bauch.	*im Kreis herumzeigen, den Bauch reiben*
Doch seht einmal die kleine Maus,	*mit dem Zeigefinger wackeln*
die schaut dort aus ihrem Loch heraus!	*Handkante an die Stirn legen*
Wenn die Kinder mit Essen fertig sind,	*den Bauch reiben*
läuft das Mäuslein ganz geschwind	*mit zwei Fingern in der Luft laufen*
schnell herum in diesem Raum,	*mit zwei Fingern in der Luft hin und her laufen*
bis unter den Tisch, man sieht sie kaum.	*Handkante an die Stirn legen, nach unten blicken*
Das Mäuslein knabbert ein paar Krümel auf	*Fingerspitzen an die Lippen legen, Schmatzgeräusche machen*
und läuft schnell zurück ins Mäusehaus.	*mit zwei Fingern in der Luft laufen*
Denn wenn die Kinder aufgestanden sind,	*mit allen Fingern zappeln*
kommt der Besen ganz geschwind.	*beide Handflächen nach oben zeigen*
Er macht die Gruppe wieder rein,	*Hände reiben*
das findet das Mäuslein gar nicht fein!	*den Kopf schütteln*
Denn nun gibt es keine Krümel mehr	*Fingerspitzen aneinanderreiben, Kopf schütteln*
und die mag das Mäuslein doch so sehr!	*den Bauch reiben*

© Verlag an der Ruhr | Autorin: Kathrin Eimler | ISBN 978-3-8346-6676-5 | Mäuse: © Light-Dew – Shutterstock.com

12 Traumstern

Ort	Schlafraum
Ziele	durch Bewegung zur Ruhe kommen, Sprachförderung
Gruppengröße	bis 10 Kinder
Alter	ab 3 Jahren

Hier finden Sie die Audio-Datei zum Angebot.

https://cloud.verlagruhr.de/lerninhalt/X2poXhvRC57E/

Situation

Vor dem Einschlafen sind die meisten Kinder müde, andere sind noch ein bisschen wacher und aktiver. Unterstützen Sie die Kinder mit diesem Vers, damit sie zur Ruhe kommen und sich auf die Schlafsituation einstellen.
Während des Verses sitzen oder liegen die Kinder im Bett. Sprechen Sie den Einschlafvers mit ruhiger Stimme und begleiten Sie ihn mit den Bewegungen. Die Kinder dürfen gerne mitmachen, verbrauchen letzte Energien und stimmen sich auf das Einschlafen ein.

Die Kinder kommen leichter zur Ruhe, wenn der Schlafraum schon beim Umziehen leicht verdunkelt ist. Lassen Sie gedämmtes Licht, z. B. ein Lichternetz oder eine bunte Lampe, leuchten.

Einschlafvers

Ich recke und ich strecke mich.	*Arme nach oben strecken*
Ins Bett leg ich mich hinein.	*auf die Bettdecke klopfen*
Noch einmal gähnen möchte ich,	*gähnen*
dann schlafe ich gleich ein.	*Augen schließen und Kopf seitlich auf die Hände legen*
Doch erst sehe ich die Sterne fliegen.	*Hände nach oben strecken*
Sie leuchten dort oben so wunderschön.	*Arme sanft hin und her bewegen*
Ich kann in meinem warmen Bettchen liegen	*Oberarme streicheln*
und die Sterne funkeln sehen.	*mit den Fingern zappeln*
Oh, schau, der Stern fliegt her zu mir	*Finger hochstrecken, dann auf sich zu bewegen*
und sagt: „Träume schön in aller Ruh!	*mit einer Hand die Brust reiben*
Träume von einer Fee oder einem Tier!“	*beide Hände übereinander auf die Brust legen*
Der Stern flüstert einen Traum mir zu.	*Hände liegen lassen, diese Zeile flüstern*
Nun schließe ich die Augen	*Hände auf die Augen legen*
und kuschle mich warm ein.	*sich selbst in den Arm nehmen*
Ich kann es auch kaum glauben,	*sich selbst in den Arm nehmen, Kopf schütteln*
denn ich schlaf gleich schnell ein.	*Kopf seitlich auf die Hände legen*

© Verlag an der Ruhr | Autorin: Kathrin Eimler | ISBN 978-3-8346-6676-5 | Glühbirne: © vectorplus; Stern: © Expertvector – beide Shutterstock.com

13 Ich ruh mich gleich aus

Ort	Schlafraum
Ziele	durch Bewegung zur Ruhe kommen, Sprachförderung
Gruppengröße	bis 10 Kinder
Alter	ab 3 Jahren

Hier finden Sie die Audio-Datei zum Angebot.

https://cloud.verlagruhr.de/lerninhalt/FtbM7tTdeqQH/

Situation

Vor der Schlafenszeit sind einige Kinder noch munter, andere schon müde. Manche Kinder haben gute Laune und freuen sich auf das Ausruhen, andere sind eher skeptisch und möchten nicht so gerne schlafen.
Um allen Kindern den Übergang zu erleichtern, stimmen Sie dieses Lied an.

Singen Sie das Lied mit den Kindern in ruhigem Ton. Begleiten Sie den Text mit Bewegungen. Wenn alle Kinder im Bett liegen, gehen Sie zu jedem einzelnen und fragen, welchen Traum es träumen möchte.

Einschlaflied

Ich ruh mich gleich aus, darauf freu ich mich schon.	*Hände reiben*
Aber bin ich wirklich hier? Da muss ich erst mal nachsehn.	*Handkante an die Stirn legen, umherblicken*

Füße, Beine und Po,	*auf die genannten Körperteile zeigen*
Rücken, Schultern und Bauch,	
Arme und Hände und Hals	
und mein Köpfchen auch!	

Ich bin wirklich hier.	*auf sich selbst zeigen*
Ins Bett leg ich mich hinein.	*sich auf die Bettkante setzen*
Ich träum einen schönen Traum.	*einen großen Kreis mit den Händen zeigen*
Wie wird der wohl sein?	*Schultern hochziehen, Hände entschuldigend zur Seite strecken, nachdenklich blicken*

Hinweis: *Singen Sie das Lied auf die Melodie „Leise rieselt der Schnee" (Eduard Ebel, 1895).*

© Verlag an der Ruhr | Autorin: Kathrin Eimler | ISBN 978-3-8346-6676-5 | Glühbirne: © vectorplus; Wolke und Mond: © Expertvector – beide Shutterstock.com

14 Auf dem Bauteppich

Ort	Baubereich
Ziele	Konzentration, Wahrnehmung, Sprachförderung
Gruppengröße	bis 4 Kinder
Alter	ab 3,5 Jahren

Situation

Im Baubereich haben die Kinder viele Beschäftigungsmöglichkeiten. Es gibt Tage, da liegt viel Spielmaterial herum, aber die Kinder spielen nicht damit. Vielleicht gab es eine Auseinandersetzung und die Kinder brauchen einen Impuls, um wieder ins Spiel zu finden.
Setzen Sie sich zu ihnen und fangen Sie den Mitmachspruch an. Durch das Klopfen auf den Boden spüren sich die Kinder und nehmen sich wahr. Durch den Text werden sie daran erinnert, welche Spielmöglichkeiten sie hier haben.

Laden Sie die Kinder ein, mit Ihnen das Gedicht zu sprechen, und begleiten Sie sie dadurch wieder in das Miteinander.

Nutzen Sie das Gedicht als Einstieg auf einem leeren Bauteppich, wenn Sie z. B. mit einer Gruppe jüngerer Kinder diesen Spielbereich neu erkunden.

Mitmachgedicht

Ach du je, wo sitzen wir? Der Bauteppich ist das wohl hier!	*langsam mit flachen Händen auf den Boden patschen*
Was können wir hier machen? Viele tolle Sachen!	*über den Boden reiben*
Die Holzbausteine stapeln wir, denn ein Turm entsteht nun hier.	*Hände auf dem Boden übereinanderstapeln*
Die Autos fahren rundherum mit einem lauten Brumm-brumm-brumm.	*mit der flachen Hand im Kreis über den Boden reiben*
Auch Dinos stampfen hier umher, denn das gefällt mir doch so sehr.	*mit den Fäusten auf den Boden klopfen*
Der Zug fährt gar nicht leise mit Tut-tut-tut hier auf dem Gleise.	*mit den Fingerspitzen im Kreis über den Boden reiben*
Ich kann hier ganz viel machen – so viele tolle Sachen.	*mit den Fingerspitzen auf den Boden klopfen*
Drum suche ich mir gleich was aus und dafür gibt es 'nen Applaus.	*mit den Fingerspitzen über den Boden laufen, schnell mit den flachen Händen auf den Boden patschen*

© Verlag an der Ruhr | Autorin: Kathrin Eimler | ISBN 978-3-8346-6676-5 | Glühbirne: © vectorplus; Kinder: © Colorfuel Studio – beide Shutterstock.com

15 Turmbau

Ort	Baubereich
Ziele	Konzentration, Geschicklichkeit, Geduld, Experimentierfreude
Gruppengröße	bis 4 Kinder
Alter	ab 4 Jahren
Material	Holzbausteine

Situation

Auf dem Bauteppich werden die Kinder zu Ingenieur*innen, Konstrukteur*innen und Bauarbeiter*innen. Aus Holzbausteinen lassen sich tolle Gebäude errichten. Doch manchmal reicht eine falsche Drehung und der Turm fällt um. Aus Frust können Vorwürfe und Streit entstehen. Helfen Sie den Kindern, den Streit zu überwinden, indem Sie mit ihnen gemeinsam verschiedene Türme bauen. Welcher bleibt stehen? Welcher fällt um?

Hinweis: *Nehmen Sie die Kinder in ihrem Frust, ihren Gefühlen ernst. Zeigen Sie ihnen aber auch, dass Missgeschicke passieren können. Machen Sie ein Spiel daraus, das steigert das Verständnis und auch die Laune.*

Spielideen

Der Turm stürzt ein

Stapeln Sie die Holzbausteine zu einem Turm. Nun dürfen die Kinder ausprobieren, wie leicht es passieren kann, dass ein Turm einstürzt. Sie klopfen leicht mit dem Finger dagegen, stupsen mit dem Fuß an oder streichen mit dem Finger daran entlang. Auf diese Weise erfahren Sie, dass ein Turm – je nach Bauart – sehr leicht umfallen kann.

Den Turm einreißen

Stapeln Sie Bausteine aufeinander. Die Kinder sollen versuchen, einen möglichst hohen Turm zu bauen. Welche Möglichkeiten gibt es? Die Kinder können lange, breite oder schmale Seiten aufeinanderstellen. Auf welche Art ist der Turm am stabilsten? Am Ende dürfen die Kinder den Turm gemeinsam umwerfen und gern wieder aufbauen.

Turm-Lied

Begleiten Sie den Turmbau mit dem abgewandelten Volkslied-Text von „Wer will fleißige Handwerker sehn?“ (Verfasser*in unbekannt).

Stein auf Stein, Stein auf Stein,
der Turm, der wird bald fertig sein.

© Verlag an der Ruhr | Autorin: Kathrin Eimler | ISBN 978-3-8346-6676-5 | Spielzeug: © UpicL – Shutterstock.com

16 Bauteppich-Rap

Ort	Baubereich
Ziele	Konzentration, Ideen entwickeln, Rhythmus, Sprachförderung
Gruppengröße	bis 4 Kinder
Alter	ab 4,5 Jahren

Hier finden Sie die Audio-Datei zum Angebot.

https://cloud.verlagruhr.de/lerninhalt/kNH8wfGZHszl/

Situation

Der Baubereich bietet den Kindern abwechslungsreiche Spielmöglichkeiten. Manchmal sind Kinder unschlüssig, was sie spielen sollen. Sie räumen alles aus und finden nicht richtig ins Spiel.
Leisten Sie ihnen Gesellschaft und rappen Sie die passenden Strophen. Durch den schwungvollen Sprechgesang lockern Sie die Stimmung auf. Nehmen Sie die zur Strophe passenden Gegenstände in die Hand.

Die Kinder konzentrieren sich darauf und bekommen neue Spielideen. Erfinden Sie auch gern neue Strophen mit weiteren Materialien, die in Ihrem Baubereich zu finden sind.

Üben Sie den Rap mit den Kindern ein und stellen Sie den Baubereich auf diese Weise neuen Kindern oder bei einem Elternnachmittag vor.

Sprechgesang

Sprechen Sie den Text rhythmisch und bewegen Sie die Hände dazu. Betonen Sie die unterstrichenen Silben.

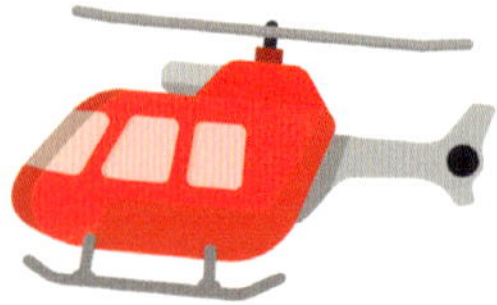

Bauteppich, **Bau**teppich – **ist** zum Spielen **da**,
wir **ma**chen hier ganz **tol**le Dinge – **das** macht Spaß, na **klar**!

Bunte Steine, **bun**te Steine – **sind** zum Spielen **da**,
Häuser, Straßen, **Mau**ern bauen – **das** macht Spaß, na **klar**!

Autos, Laster, **Bau**fahrzeuge – **sind** zum Spielen **da**,
Die **fah**ren rum mit **viel** Gebrumm – **das** macht Spaß, na **klar**!

Tiere, Menschen, **Bäu**me, Schilder – **sind** zum Spielen **da**,
die **ste**hen hier und **lau**fen da – **das** macht Spaß, na **klar**!

Holzbausteine, **Holz**bausteine – **sind** zum Spielen **da**,
wir **bau**en damit **ho**he Türme – **das** macht Spaß, na **klar**!

Zugschienen, **Zug**schienen – **sind** zum Spielen **da**,
Die **Ei**senbahnen **fah**ren rum – **das** macht Spaß, na **klar**!

Bauteppich, **Bau**teppich – **ist** zum Spielen **da**,
wir **ma**chen hier ganz **tol**le Dinge – **das** macht Spaß, na **klar**!

© Verlag an der Ruhr | Autorin: Kathrin Eimler | ISBN 978-3-8346-6676-5 | Glühbirne: © vectorplus; Fahrzeuge: © VikiVector – beide Shutterstock.com

17 Finger-Fit

Ort	Kreativbereich
Ziele	Konzentration, Feinmotorik, Wahrnehmung, Sprachförderung
Gruppengröße	bis 4 Kinder
Alter	ab 4 Jahren

Situation

Manche Kinder sind malbegeistert, andere weniger. Doch gerade die älteren Kinder werden zur Schulvorbereitung dazu angehalten, sich mit der Stifthaltung beim Malen zu beschäftigen. Das kann eine Herausforderung für die Kinder und die pädagogischen Fachkräfte sein.
Um die Motivation zu steigern, führen Sie zu Beginn oder während des Kreativangebots diese Fingermassage durch. Die Kinder lockern ihre Finger, konzentrieren sich darauf und werden zugleich in ihren Gefühlen wahrgenommen.

Hinweis: *Begleiten Sie die Fingermassage mit dem Vers und regen Sie auf diese Weise gleichzeitig die Sprachentwicklung der Kinder an.*

Fingermassage

Sieh einmal die Finger an,	*alle Finger zappeln*
wie gut ich die schütteln kann.	*alle Finger zappeln*
Nun mache ich sie zu einer Faust	*die Finger zu einer Faust machen*
und strecke die Finger ganz lang aus.	*die Finger lang ausstrecken*
Meinen Daumen massiere ich,	*jeden genannten Finger mit der anderen Hand umschließen und leicht drücken*
auch den Zeigefinger drücke ich.	
Nun ist der Mittelfinger dran,	
der Ringfinger folgt als Nächstes dann.	
Auch das kleine Fingerlein	
möchte gern massiert wohl sein.	*Wiederholen Sie diese Zeilen mit den Fingern der anderen Hand.*
Nun streife ich alle Finger ab:	*jeden einzelnen Finger mit der anderen Hand umschließen, leicht am Finger ziehen und auf diese Weise die Hand abstreifen*
1, 2, 3, 4, 5, 6, 7, 8, 9, 10.	*bei jedem Finger eine Zahl nennen*
Oh, wie schön, oh, wie schön!	*alle Finger zappeln*
Meine Finger sind nun fit	*alle Finger zappeln*
und machen jetzt ganz eifrig mit!	*die Hände reiben*

© Verlag an der Ruhr | Autorin: Kathrin Eimler | ISBN 978-3-8346-6676-5 | Hand und Mädchen: © Tenstudio – Shutterstock.com

18 Balancierstift

Ort	Kreativbereich
Ziele	Konzentration durch Geschicklichkeitsübungen, Auge-Hand-Koordination, Aufmerksamkeit
Gruppengröße	bis 4 Kinder
Alter	ab 4,5 Jahren
Material	Stifte

Situation

Im Kreativbereich ist viel los. Da wird gebastelt, gemalt, geschnitten, geklebt – die Kinder leben ihre Fantasie aus. Wenn Übermut oder Frust dazukommt, kann es sein, dass sich die Stifte in Flugobjekte verwandeln.
Deeskalieren Sie die Situation, indem Sie die Kinder zu Balancierübungen mit den Stiften auffordern.
Die Kinder konzentrieren sich und kommen dadurch zur Ruhe.

Nehmen Sie bei Variante B Klebestifte anstelle der Stifte. Diese haben eine größere Auflagefläche, das Balancieren auf der Fingerspitze ist einfacher.

Geschicklichkeitsübung

Variante A

Fordern Sie die Kinder auf, den Stift so auf den ausgestreckten Finger zu legen, dass er liegen bleibt. Klappt das besser, wenn die Handfläche nach oben oder nach unten zeigt?
Beginnen Sie damit, dass das Kind vier Finger ausstreckt und den Stift darauflegt. Steigern Sie den Schwierigkeitsgrad, indem das Kind nach und nach einen Finger einklappt.

Variante B

Wer schafft es, einen Stift auf der Fingerspitze zu balancieren? Auf welchem Finger funktioniert das am besten?
Das Kind dreht dazu die Hand mit der Innenfläche nach oben. Es stellt den Stift auf die Fingerspitze und versucht, den Stift so auszubalancieren, dass er stehen bleibt.
Anstelle der Fingerspitze kann der Stift in die Handinnenfläche balanciert werden.

© Verlag an der Ruhr | Autorin: Kathrin Eimler | ISBN 978-3-8346-6676-5 | Glühbirne: © vectorplus; Kind: © yatate; Buntstifte: © Artitok – alle Shutterstock.com

19 Ich klopfe

Ort	Kreativbereich
Ziele	Konzentration, zur Ruhe kommen, Sprachförderung
Gruppengröße	bis 4 Kinder
Alter	ab 4 Jahren

Hier finden Sie die Audio-Datei zum Angebot.

https://cloud.verlagruhr.de/lerninhalt/h7XoG44pnK52/

Situation

Tohuwabohu im Kreativbereich! Bei all den künstlerischen Tätigkeiten kann es auch schon mal lebhaft zugehen. Lebendig und aktiv zu sein, ist auf der einen Seite gut, kann aber auf der anderen Seite andere Kinder stören. Nehmen Sie sich ein wenig Zeit für die aktiven Kinder und führen Sie mit ihnen diese Über-Kreuz-Übung durch. Die Bewegung hilft den Kindern, ihre Energie konstruktiv einzusetzen, und erleichtert ihnen das Weiterarbeiten.

Sprechen Sie den Text rhythmisch, das bringt Schwung hinein und fördert gleichzeitig das Wahrnehmen der Silben.

Hinweis: *Durch Über-Kreuz-Übungen trainieren die Kinder ihre Koordination. Dies fördert die Konzentration, die Kinder lernen leichter.*

Über-Kreuz-Übung

Die Kinder setzen sich für diese Übung mit etwas Abstand zum Tisch vorn auf die Stuhlkante, sodass die Füße möglichst auf dem Boden stehen.

Ich klopfe auf den Tisch,	*Hände parallel auf den Tisch klopfen*
guck, so kann ich's auch!	*Hände über Kreuz auf den Tisch patschen*
Nun auf die linke Schulter	*rechte Hand auf die linke Schulter klopfen*
und auf die rechte auch.	*linke Hand auf die rechte Schulter klopfen*
Ich recke meine Arme	*Arme nach vorn strecken*
und mach die Finger lang.	*Finger ausstrecken*
Ich winke allen zu	*Hände und Arme abwechselnd übereinanderkreuzen*
und weiter geht es dann.	*Hände und Arme abwechselnd übereinanderkreuzen*
Ich klopf auf meine Beine	*auf die Oberschenkel patschen*
und auf meinen Po.	*auf den Po klopfen*
Das linke Knie, das treffe ich,	*mit der rechten Hand auf das linke Knie patschen*
das rechte sowieso.	*mit der linken Hand auf das rechte Knie patschen*
Ich zupfe meine Ohren	*das Ohrläppchen zupfen*
von unten hoch hinauf	*das Ohr von unten nach oben zupfen*
und auch wieder runter,	*das Ohr von oben nach unten zupfen*
nun ist das Spielchen aus.	*mit den Fäusten sanft auf die Brust klopfen*

© Verlag an der Ruhr | Autorin: Kathrin Eimler | ISBN 978-3-8346-6676-5 | Glühbirne: © vectorplus – Shutterstock.com

20 Wie das duftet

Ort	Rollenspielecke
Ziele	Entspannung durch Atmung
Gruppengröße	bis 4 Kinder
Alter	ab 3 Jahren

Situation

Kinder sind gern im Rollenspielbereich aktiv. Sie spielen mit den Puppen, putzen, kochen, telefonieren und versetzen sich in viele unterschiedliche Rollen und Situationen. Dabei können Diskussionen entstehen und die Meinungen der Kinder auseinandergehen.

Wenn Sie erkennen, dass die Kinder ihren Streit nicht selbstständig lösen können, begleiten Sie sie im Spiel. Schenken Sie den Kindern eine spielintegrierte Atemübung, sodass sie im Anschluss bei Bedarf über die Meinungsverschiedenheit sprechen können.

Je nach Heftigkeit des Streits ist es sinnvoll, zuerst mit den Kindern zu sprechen und anschließend die Atemübung durchzuführen.

Hinweis: *Bewusstes und intensives Atmen entspannt. Wiederholen Sie das tiefe Einatmen in der jeweiligen Situation ein paar Mal.*

Atemübung

Begeben Sie sich in den Rollenspielbereich und sehen Sie sich interessiert um. Das weckt die Aufmerksamkeit der Kinder.

Variante A

Die Kinder haben gekocht. Sehen Sie in die Töpfe und erklären Sie, dass das Essen lecker aussieht. Beugen Sie sich über den Topf und riechen Sie an dem imaginären Essen. Holen Sie tief Luft und atmen Sie befreit aus mit den Worten: „Das riecht aber lecker!"
Beziehen Sie die Kinder in die Übung mit ein, indem Sie sie auffordern, ebenfalls am Essen zu riechen. Wiederholen Sie das Atmen bei den unterschiedlichen Töpfen, sodass die Kinder mehrmals tief atmen.

Variante B

Sehen Sie mit den Kindern aus dem (imaginären) Fenster. Atmen Sie je nach Jahreszeit den Duft der Natur ein. Im Frühling riechen Sie die ersten Blumen, im Sommer den Sommerwind, im Herbst das nasse Herbstlaub und im Winter den Schnee. Auch den Regen kann man mit der Nase wahrnehmen oder das geerntete Getreide. Achten Sie drauf, angenehme Gerüche zu benennen. Unangenehme Düfte laden nicht zum tiefen Atmen ein.
Überlegen Sie mit den Kindern, welche Naturdüfte sie noch wahrnehmen, und regen Sie sie auf diese Weise an, ein paar Mal tief zu atmen.

© Verlag an der Ruhr | Autorin: Kathrin Eimler | ISBN 978-3-8346-6676-5 | Glühbirne: © vectorplus; Köchin: © yusufdemirci; Kind am Fenster: © wonwhan - alle Shutterstock.com

21 Aufräumen klappt wunderbar

Ort	Rollenspielecke
Ziele	durch Rhythmus zur Konzentration finden, Sprachförderung
Gruppengröße	bis 4 Kinder
Alter	ab 4 Jahren

Hier finden Sie die Audio-Datei zum Angebot.

https://cloud.verlagruhr.de/lerninhalt/h8mv5u2Fhog3/

Situation

Die Spielzeit ist zu Ende, die Kinder sollen aufräumen. Je nach Alter, Spielsituation oder Tagesform gelingt das leichter oder gestaltet sich schwieriger. Mit diesem Rhythmus lenken Sie die Konzentration der Kinder auf das Aufräumen, sodass es ihnen leichter von der Hand gehen wird.
Begeben Sie sich in die Rollenspielecke und beginnen Sie mit dem Vers. Das lenkt die Aufmerksamkeit der Kinder auf Sie und animiert sie, mitzumachen.

Anstatt auf die Schenkel und in die Hände können Sie auf den Boden, einen Stuhl, den Tisch o. Ä. klatschen und patschen.

***Hinweis:** Begleiten Sie die Verse mit dem angegebenen Klatschrhythmus zu jeder Strophe.*

Klatschvers

Begleiten Sie die Verse mit dem angegebenen Klatschrhythmus (1) bzw. (2).

Klatschrhythmus 1 *2-mal auf die Schenkel patschen, dann 2-mal in die Hände klatschen*
Klatschrhythmus 2 *2-mal auf die Schenkel patschen, dann 1-mal in die Hände klatschen*

(1) Liebe Kinder,
(2) ihr spielt toll!
(1) Auch aufräumen
(2) klappt, jawoll!

(1) Puppen in das
(2) Puppenbett.
(1) Töpfe in den
(2) Schrank wie nett.

(1) Werkzeug in die
(2) Werkzeugbank.
(1) Die Verkleidung
(2) in den Schrank.

(1) Alles fertig?
(2) Ja, na klar!
(1) Aufräumen klappt
(2) wunderbar!

© Verlag an der Ruhr | Autorin: Kathrin Eimler | ISBN 978-3-8346-6676-5 | Glühbirne: © vectorplus; Werkzeug: © Oleon17 – beide Shutterstock.com

22 Ich streck den Arm nach oben

Ort	Gruppenraum, Morgenkreis, Turnhalle
Ziele	Konzentration durch Bewegung, Körperwahrnehmung, Koordination, Wortschatz
Gruppengröße	ganze Gruppe
Alter	ab 3 Jahren

Situation

Im Gruppenraum ist den ganzen Tag viel los. Es gibt Situationen, in denen es unruhig wird und Kinder Bewegung brauchen. Mit diesem Bewegungsvers geben Sie ihnen die Möglichkeit, im Gruppenraum aktiv zu werden, ohne „über Tische und Bänke zu gehen". Jedes Kind kann an seinem Platz mitmachen und überschüssige Energien loswerden.

Steigern Sie das Tempo, wenn den Kindern der Vers vertraut ist.

Bewegungsvers

Ich streck den Arm nach oben,	*einen Arm nach oben strecken*
der andre kommt dazu.	*den anderen Arm nach oben strecken*
Ein Bein wird ausgeschüttelt,	*ein Bein schütteln*
das andre auch, juchhu!	*das andere Bein schütteln*
Ich streck den Arm nach unten,	*einen Arm nach unten strecken*
der andre kommt dazu.	*den anderen Arm nach unten strecken*
Die Schultern nun gerüttelt,	*Schultern schütteln*
ja, das kann ich – und du!	*auf sich selbst, dann auf jemand anderen zeigen*
Ich streck den Bauch nach vorne,	*den Bauch nach vorn strecken*
nach hinten kommt der Po.	*den Po nach hinten strecken*
Hüften zur Seite strecken –	*Hüften nach links und rechts bewegen*
erst so und dann auch so.	*Hüften nach links und rechts bewegen*
Ich strecke meine Finger	*Hände nach vorn halten, Finger spreizen*
und drehe meinen Fuß.	*einen Fuß heben und drehen*
Den andren kann ich auch drehn,	*den anderen Fuß heben und drehen*
nun winke ich zum Schluss.	*winken*

© Verlag an der Ruhr | Autorin: Kathrin Eimler | ISBN 978-3-8346-6676-5 | Glühbirne: © vectorplus; Junge: © Colorfuel Studio – beide Shutterstock.com

23 Zippelzappel

Ort	Gruppenraum, Morgenkreis, Turnhalle
Ziele	durch Bewegung zur Ruhe kommen, Reaktionsvermögen
Gruppengröße	ganze Gruppe
Alter	ab 3 Jahren
Material	ggf. Triangel, Gong o. Ä.

Situation

Im Kindergarten ist immer viel los. Die Kinder sind aktiv am Spielen und Kommunizieren. Dabei kann es unter Umständen auch einmal lauter und quirliger zugehen. Wenn Sie spüren, dass es im Gruppenraum sehr unruhig ist, laden Sie die Kinder zu einer Runde „Zippelzappel“ ein.

Jedes Kind kann an dem Platz mitmachen, an dem es sich gerade befindet. Während des Spiels bewegen sich die Kinder und halten abrupt inne. Sie fokussieren sich auf sich selbst, lenken Energien in Bewegungen, können sich dadurch besser konzentrieren und werden ruhiger.

Leiten Sie das Spiel mit einem akustischen Signal, z. B. dem Anschlagen der Triangel, ein. Wenn alle Kinder zu Ihnen schauen, sagen Sie „Zippelzappel!“ und die Kinder wissen nach einigen Spielrunden, was in den nächsten Minuten im Gruppenraum geschehen wird.

Bewegungsspiel

Auf das Kommando „Zippelzappel!" fangen die Kinder an, sich zu bewegen, auf der Stelle zu tanzen, mit den Armen zu schlenkern, die Beine zu schütteln oder die Hüfte kreisen zu lassen.

Rufen Sie erneut „Zippelzappel!", bleiben die Kinder eingefroren stehen. Beim nächsten „Zippelzappel!"-Ruf beginnt das Zappeln von vorn.

Wenn Sie das Spiel beenden wollen, sagen Sie „Zippelzappel aus!". Die Kinder bekommen nun die Aufgabe, tief ein und wieder auszuatmen und sich währenddessen normal hinzustellen.

Bedanken Sie sich mit einer Verbeugung und den Worten „Vielen Dank für den Zippelzappel-Tanz." Anschließend darf jedes Kind wieder seiner eigenen Tätigkeit nachgehen.

Variante

Starten Sie das Spiel wie oben beschrieben.
Nach dem ersten Zippelzappel-Stopp beginnen Sie, den Kinder einzelne Körperteile zu nennen, die als Nächstes ausgeschüttelt werden sollen. Das Kommando lautet „Zippel Arme!" oder „Zippel Beine!". Die Kinder bewegen den genannten Körperteil, bis Sie erneut „Zippelzappel!" sagen.
Sie haben auch die Möglichkeit, einzelne Kommandos abzuwechseln (z. B. „Zippel Bauch!" ... „Zippelzappel!" ... „Zippel Fuß!"). Beziehen Sie die Kinder mit ein, indem Sie auf eines zeigen, das das nächste Kommando geben darf.
Beenden Sie die Variante wie oben beschrieben.

© Verlag an der Ruhr | Autorin: Kathrin Eimler | ISBN 978-3-8346-6676-5 | Glühbirne: © vectorplus – Shutterstock.com

24 Sitzboogie

Ort	Morgenkreis
Ziele	Konzentration durch Bewegung, Koordination, Zuhören, Beobachten und Nachahmen
Gruppengröße	ganze Gruppe
Alter	ab 3,5 Jahren

Hier finden Sie die Audio-Datei zum Angebot.

https://cloud.verlagruhr.de/lerninhalt/RWmGUdoTJBAP/

Situation

Der Morgenkreis ist eine besondere Zeit am Vormittag. Die Gruppe kommt zusammen, es werden unterschiedliche Dinge besprochen, Lieder gesungen und Spiele gespielt. Manchmal kann es unruhig werden, wenn den Kindern Bewegung fehlt.
Mit diesem Sitzboogie geben Sie dem Bewegungsdrang der Kinder nach, er macht Spaß und fördert nicht nur die Konzentration.

Hinweis: *Der Sitzboogie kann für jüngere Kinder schwierig sein. Es ist o. k., wenn die Kinder erst einmal beobachten und nur einige Passagen mitmachen.*

Rhythmischer Sitztanz

Die Kinder sitzen mit aufgerichtetem Rücken auf der Stuhlkante.
Das erleichtert das Bewegen. Sprechen Sie den Text rhythmisch und silbenbetont.

Pat – schen, pat – schen,
klat – schen, klat – schen,

Fü – ße tip – pen,
Fü – ße tip – pen,

Hän – de links und
Hän – de rechts und

Blick nach links und
Blick nach rechts,

Ar – me rol – len,
Ar – me rol – len,

Fü – ße stamp – fen,
Fü – ße stamp – fen,

auf – stehn, tan – zen,
tan – zen, tan – zen,

und hin – set – zen.

Steigern Sie die Schwierigkeit, indem Sie den Sitzboogie mit neuen Bewegungen ergänzen, z. B. nicken, winken, Hände drehen etc. Nehmen Sie Ideen der Kinder auf und setzen Sie diese im Rhythmus ein.

© Verlag an der Ruhr | Autorin: Kathrin Eimler | ISBN 978-3-8346-6676-5 | Noten: © mhatzapa – stock.adobe.com; Glühbirne: © vectorplus; Kind: © Colorfuel Studio – beide Shutterstock.com

25 Der kleine Bär

Ort	Morgenkreis
Ziele	Konzentration, Koordination, Sprachförderung, Rhythmusgefühl
Gruppengröße	ganze Gruppe
Alter	ab 3,5 Jahren

Situation

Der Morgenkreis bietet viele Möglichkeiten, die Kinder in unterschiedlichen Bereichen zu fördern. Um die Aufnahmefähigkeit der Kinder zu stärken und die Konzentration auf die Inhalte zu lenken, bietet sich dieses Klatschspiel an.

Sprechen Sie den Text zu Beginn langsam, damit die Kinder Ihnen und den Klatschbewegungen besser folgen können. Sind die Kinder im Text und den Bewegungen sicherer, können Sie das Tempo steigern.

Klatschspiel

Der kleine Bär, der kleine Bär	*parallel auf die Schenkel patschen*
läuft hin und her, läuft hin und her,	*abwechselnd Hände links und rechts patschen*
auch kreuz und quer, auch kreuz und quer.	*über Kreuz patschen*
Er rennt im Bärenwald herum,	*parallel auf die Schenkel patschen*
nach links nach rechts mit viel Gebrumm,	*abwechselnd Hände links und rechts patschen*
läuft kreuz und quer, das ist nicht dumm.	*über Kreuz patschen*
Doch warum läuft der kleine Bär	*parallel auf die Schenkel patschen*
von hier nach da im Wald umher	*abwechselnd Hände links und rechts patschen*
und kreuz und quer läuft er daher?	*über Kreuz patschen*
Der Bär hat heute Spaß im Bauch,	*parallel auf die Schenkel patschen*
läuft hier und da und dorthin auch	*abwechselnd Hände links und rechts patschen*
und kreuz und quer zum Beerenstrauch.	*über Kreuz patschen*
Stehen bleibt er hier, der Bär,	*Hände liegen auf den Schenkeln*
er läuft nicht mehr, er läuft nicht mehr	*Hände liegen auf den Schenkeln, Kopf schütteln*
und frisst den ganzen Strauch nun leer.	*imaginäre Beeren pflücken*
Dann schläft er ein und schnarcht gar sehr.	*Kopf seitlich auf die Hände legen, Schnarchgeräusche machen*

© Verlag an der Ruhr | Autorin: Kathrin Eimler | ISBN 978-3-8346-6676-5 | Glühbirne: © vectorplus; Bären: © Muh Sahal Mahadi – beide Shutterstock.com

26 Was ich alles machen kann

Ort	Morgenkreis, Turnhalle
Ziele	Körperwahrnehmung, Sprachförderung, Motorik, Konzentration
Gruppengröße	ganze Gruppe
Alter	ab 3 Jahren

Hier finden Sie die Audio-Datei zum Angebot.

https://cloud.verlagruhr.de/lerninhalt/MSINU9UolgTO/

Situation

Der Morgenkreis bietet eine wunderbare Gelegenheit, um mit den Kindern zu erzählen, zu singen und sich zu bewegen. Doch besonders am Wochenanfang, gegen Ende der Woche oder bei schlechtem Wetter sind die Kinder oft unruhig und können schlecht zuhören. Singen und bewegen Sie sich mit den Kindern zu diesem Lied. Durch das Aktivsein steigern Sie die Konzentration. Die Kinder werden anschließend ausgeglichener sein und dem Morgenkreis besser folgen können.

Singen Sie das Lied im Stehen, damit sich die Kinder besser bewegen können. Fragen Sie, welche Körperteile die Kinder kennen, und singen Sie die entsprechende Strophe. Erfinden Sie auch neue Strophen: Überlegen Sie gemeinsam, was man noch mit den einzelnen Körperteilen machen kann, und ändern Sie den Text entsprechend.

Bewegungslied

Hinweis: *Singen Sie das Lied auf die Melodie von „Ein Vogel wollte Hochzeit machen" (Volksweise, seit 1800 überliefert). Singen Sie jedoch die Melodie der Strophe auf den Refrain und die Melodie des Refrains auf die Strophe.*

Refrain:

Ich stehe hier, nun sieh dir an, was ich schon alles machen kann!
mit den Zeigefingern auf den Fußboden zeigen, Arme umeinanderrollen

Strophen:

Ich klatsche mit der Hand, ich klatsche mit der Hand, ja, ich klatsche mit der Hand.
Ich schüttle meinen Arm, ich schüttle meinen Arm, ja, ich schüttle meinen Arm.
Ich stampfe mit dem Fuß, ich stampfe mit dem Fuß, ja, ich stampfe mit dem Fuß.
Ich wackle mit dem Po, ich wackle mit dem Po, ja, ich wackle mit dem Po.
Ich zieh die Knie hoch, ich zieh die Knie hoch, ja, ich zieh die Knie hoch.
Ich klopfe auf die Brust, ich klopfe auf die Brust, ja, ich klopfe auf die Brust.
Ich kratze meinen Rücken, ich kratze meinen Rücken, ja, ich kratze meinen Rücken.
Ich zieh die Schultern hoch, ich zieh die Schultern hoch, ja, ich zieh die Schultern hoch.
Ich kraule meinen Kopf, ich kraule meinen Kopf, ja, ich kraule meinen Kopf.

© Verlag an der Ruhr | Autorin: Kathrin Eimler | ISBN 978-3-8346-6676-5 | Glühbirne: © vectorplus – Shutterstock.com

27 Schaukle, schaukle, liebes Kind

Ort	Außengelände
Ziele	Sprachförderung, Rücksicht nehmen
Gruppengröße	1 oder 2 Kinder
Alter	ab 3 Jahren

Hier finden Sie die Audio-Datei zum Angebot.

https://cloud.verlagruhr.de/lerninhalt/xdiVxxBbVPSv/

Situation

Auf dem Spielplatz sind die Kinder meist ausgelassen und fröhlich. Sie können sich nach Herzenslust austoben. An der Schaukel lässt sich allerdings öfter beobachten, dass Kinder diese nicht gern verlassen möchten. Schaukeln beruhigt, die Kinder erleben sich selbstwirksam und spüren ihren Körper in der Auf- und-Ab-Bewegung. Wenn ein Kind die Schaukel nicht verlassen möchte, erleichtern Sie ihm den Übergang mit einem Lied. Solange es gesungen wird, darf das Kind schaukeln. Am Ende ist zunächst ein anderes Kind an der Reihe.

Gehen Sie zunächst mit dem Kind ins Gespräch und zeigen Sie Verständnis für sein Interesse am Schaukeln. Erklären Sie ihm, dass auch andere Kinder schaukeln möchten. Lässt sich das Kind nicht mit Worten überzeugen, die Schaukel abzugeben, obwohl es schon lange schaukelt, singen Sie das Lied.

Schaukellied

Hinweis: Singen Sie das Lied auf die Melodie „Morgen kommt der Weihnachtsmann" (traditionell, nach dem französischen Salonlied „Ah, vous dirai-je Maman!").

Schaukle, schaukle, liebes Kind,
schaukle, schaukle wie der Wind.
Hoch und runter schaukelst du,
das macht Spaß, ruf laut: „Juchhu!" *laut „Juchhu!" rufen*
Schaukelst vorwärts und zurück,
Schaukeln ist ein großes Glück.

Schaukeln magst du doch so gern,
das seh ich von nah und fern.
Doch leider ist es so weit,
vorbei ist deine Schaukelzeit.
Schaukle noch mal auf und ab,
steig dann von der Schaukel ab.

Deine Schaukel hält nun an, *die vorangegangene Melodie wiederholen*
du bist später noch einmal dran.

© Verlag an der Ruhr | Autorin: Kathrin Eimler | ISBN 978-3-8346-6676-5 | Glühbirne: © vectorplus; Kind: © Colorfuel Studio – beide Shutterstock.com

28 Tierisches Wettrennen

Ort	Turnhalle
Ziele	Körperwahrnehmung, Bewegung, Koordination, Motorik
Gruppengröße	bis 12 Kinder
Alter	ab 3,5 Jahren

Situation

Die Turnhalle ist ein bei den Kindern beliebter Ort. Sie können sich hier ausgelassen bewegen, spielen und ausprobieren. Wenn Sie merken, dass die Kinder nicht richtig motiviert oder unkonzentriert bei der Sache sind, laden Sie sie zu dem „Tierischen Wettrennen" ein. Die Übung eignet sich aber auch zum Aufwärmen.

Hinweis: *Die Kinder führen die Laufarten der Tiere an ihrem Platz aus. Auf diese Weise können sich die Kinder besser auf sich selbst und die Bewegungen konzentrieren. Zusammenstöße werden vermieden.*

Überlegen Sie mit den Kindern, welche Tiere sie noch kennen und wie sich diese bewegen. Bauen Sie die Gangarten in die Übung ein.

Bewegungsidee

Ahmen Sie die genannten Bewegungen mehrmals nach.

Die Tiere machen heute ein Wettrennen. Doch zuerst müssen sie sich aufwärmen.
Da der Startplatz sehr voll ist, können sich die Tiere nur an ihrem Platz bewegen:

Die Maus trippelt mit vielen kleinen Schritten auf der Stelle.
Der Hund läuft locker auf seinem Platz.
Der Hase hüpft auf und ab. Er hüpft so hoch er kann.
Der Elefant stampft kräftig auf den Boden.
Der Storch zieht seine Beine abwechselnd hoch und flattert mit den Flügeln.
Der Fuchs schleicht auf leisen Sohlen.
Das Känguru springt so hoch es kann und schüttelt seine Arme aus.
Das Erdmännchen hüpft und stoppt und hüpft und stoppt und hüpft und stoppt.

Nach dem ganzen Schleichen, Hüpfen, Laufen und Stampfen sind die Tiere aufgewärmt. Zum Abschluss recken und strecken sie noch ihre Arme und Beine aus und schütteln ihren Körper. Nun gehen alle an die Startlinie. „Auf die Plätze, fertig, los!“

Das Rennen beginnt. Die Tiere laufen so schnell sie können. Und noch schneller und noch schneller, das Ziel kommt näher!
Und – gewonnen! Alle Tiere sind im Ziel angekommen! Super! Das haben sie gut gemacht!

© Verlag an der Ruhr | Autorin: Kathrin Eimler | ISBN 978-3-8346-6676-5 | Glühbirne: © vectorplus – Shutterstock.com

29 Elefantentanz

Ort	Turnhalle
Ziele	Konzentration durch Bewegung, Koordination
Gruppengröße	bis 12 Kinder
Alter	ab 4 Jahren

Hier finden Sie die Audio-Datei zum Angebot.

https://cloud.verlagruhr.de/lerninhalt/ZMQom6EpmaAA/

Situation

In der Turnhalle wird Bewegung groß geschrieben. Manche Kinder sind so aktiv, dass sie Unterstützung brauchen, um sich wieder auf sich zu konzentrieren. Andere sind eher ruhig und brauchen einen kleinen Anstupser, um aktiver zu werden. Mit dem Elefantentanz geben Sie den Kindern die Möglichkeit, sich konzentriert und gezielt zu bewegen.

Sprechen Sie den Text rhythmisch und melodisch, betonen Sie einzelne Silben. Variieren Sie auch das Tempo. Beginnen Sie langsam. Sind die Kinder im Text und in den Bewegungen sicherer, steigern Sie die Geschwindigkeit.

Mitmachgedicht

Der Elefant, der Elefant,	*auf der Stelle tanzen*
der tanzt und tanzt heut elegant.	
Den Rüssel schwingt er hin und her,	*Hände angefasst mit langen Armen hin und her schwingen*
doch sieh mal an, da geht noch mehr!	
Schräg über Kreuz hebt er die Knie	*Knie abwechselnd schräg hochziehen*
und das klappt heut so gut wie nie!	
Die Arme streckt er schräg voran,	*Arme schräg nach vorn strecken*
die Füße auch, was der so kann!	*Füße schräg nach vorn kicken*
Die Füße kickt er nun zurück,	*Füße nach hinten Richtung Knie kicken*
was ist das für ein toller Trick!	
Die Hände nimmt er auch dazu,	*Hände nach hinten zum Fuß strecken*
so wird der Tanz zum Hit im Nu.	
Der Elefant dreht sich im Kreis,	*einmal im Kreis herum drehen*
ich sag dir jetzt, was jeder weiß:	
Der Elefant tanzt ganz famos,	*auf der Stelle tanzen*
drum geht der Tanz von vorne los.	

© Verlag an der Ruhr | Autorin: Kathrin Eimler | ISBN 978-3-8346-6676-5 | Glühbirne: © vectorplus; Elefant: © Novi Elysa – beide Shutterstock.com

30 Auto im Schlamm

Ort	Turnhalle
Ziele	Körperwahrnehmung, Tiefenmuskulatur anregen, Energie in Kraft umlenken
Gruppengröße	bis 12 Kinder
Alter	ab 3 Jahren

Situation

Kinder bewegen sich gerne und haben in der Turnhalle ausreichend Platz und die Möglichkeit dazu. Doch auch hier gibt es Situationen, in denen die Kinder sehr aktiv sind und überschüssige Energien haben. Verbunden mit einer kleinen Anekdote und den damit verbundenen Übungen, unterstützen Sie die Kinder darin, ihre Kraft zu nutzen und die Energie auszuleben.

Jeder Körperteil und die damit verbundene Muskulatur sollte mindestens zehn Sekunden beansprucht werden. Begleiten Sie die Übung während der ganzen Zeit sprachlich, das motoviert die Kinder, dabeizubleiben.

Körperwahrnehmung

Erzählen Sie den Kindern, dass sich Ihr Auto neulich im Schlamm (bzw. Schnee) festgefahren hat. Sie haben versucht, es herauszuschieben. Spielen Sie dieses mit den Kindern nach. Jedes Kind sucht sich einen freien Platz an der Wand. Die Wand symbolisiert das Auto. Die Kinder drücken und schieben das Auto mit den genannten Körperteilen, um es aus dem Schlamm zu befördern.

Berichten Sie nun, wie Sie das Auto geschoben haben:

→ *mit den Händen*
→ *mit dem Po*
→ *mit dem Rücken*
→ *mit dem Fuß*
→ *seitlich mit dem linken und rechten Arm*
→ *mit dem Bauch*

Leider steckte der Wagen so fest, dass Sie ihn nicht allein aus dem Schlamm schieben konnten. Zum Glück kam ein Traktor vorbei und hat Ihnen das Auto herausgezogen. Darüber waren Sie so froh, dass Sie jubelnd hochgesprungen sind.

Springen Sie hoch und schütteln Sie dabei den gesamten Körper aus.

Variante

Anstelle des Autos im Schlamm können die Kinder Ihnen helfen, einen imaginären Schrank zu schieben oder eine klemmende Tür aufzumachen.

© Verlag an der Ruhr | Autorin: Kathrin Eimler | ISBN 978-3-8346-6676-5 | Glühbirne: © vectorplus; Auto: © vectorlab2D – beide Shutterstock.com

31 Spiegelbild

Ort	Waschraum
Ziele	durch Beobachtung und Wahrnehmung zu sich finden, Konzentration
Gruppengröße	1 Kind
Alter	ab 3 Jahren

Situation

Manchmal sind Kinder entmutigt, frustriert oder auch aufgewühlt und sehr aktiv. Diese Kinder brauchen ein Ventil, um wieder zu sich selbst zu finden. Helfen Sie ihnen dabei, indem Sie sie aus der Situation oder sogar aus dem Raum herausholen.
Wenn Sie in der Gruppensituation merken, dass ein Kind eine Auszeit braucht, um wieder zur Ruhe zu kommen, verschaffen Sie ihm diese. Fordern Sie das Kind auf, mit Ihnen zu kommen, weil Sie ihm etwas ganz Besonderes zeigen möchten. Gehen Sie mit dem Kind in den Waschraum, denn in einer anderen Umgebung fällt es leichter, wieder zu sich zu finden. Geben Sie dem Kind ausreichend Zeit.

Wenn Sie einen Ganzkörperspiegel haben, vor dem das Kind allein stehen kann, nutzen Sie diesen.

Körperwahrnehmung

Stellen Sie sich im Waschraum zunächst neben den Spiegel und sagen Sie: „Was ich dir jetzt zeige, ist etwas ganz Besonderes und Tolles!“ Stellen Sie das Kind nun vor den Spiegel.

Variante A – *Das Kind ist entmutigt.*

Das Kind darf jetzt erzählen, was es sieht. Wenn es nicht reden möchte, beschreiben Sie das Kind. Zeigen Sie ihm, dass es wache Augen hat, die ganz groß gucken können.

Reißen Sie hier Ihre eigenen Augen auf.

Deuten Sie auf die Nase, die wackeln kann, und auf den Mund, der eine lange Zunge hat. Fordern Sie das Kind behutsam auf, sich zu betrachten und seinen Körper zu erkennen. Es kann zusehen, wie die Finger zappeln oder der Bauch sich dreht. Auf diese Weise spürt es seinen Körper und fasst neuen Mut.

Variante B – *Das Kind ist aufgewühlt und aufgeregt.*

Das Kind darf beschreiben, was es sieht. Betrachten Sie gemeinsam das Gesicht. Was machen die Hände? Steht das Kind ruhig oder zappelt es? Fordern Sie das Kind auf, sich andere Bewegungen zu überlegen.

Kann es mit der Nase wackeln oder mit der Zunge die Nase berühren? Kann es die Hände aneinanderpressen? Schafft es, das Knie bis zum Kinn zu ziehen oder auf den Zehenspitzen zu stehen?

Lenken Sie das Kind auf diese Weise in ruhigere Bewegungen, bei denen es seine Muskeln intensiv einsetzen muss.

Das Kind konzentriert sich auf statische Körperpositionen, spannt seine Muskeln an und entspannt sich durch den Wechsel. So wird es nach und nach ruhiger und kann entspannter und konzentrierter in den Alltag zurückfinden.

© Verlag an der Ruhr | Autorin: Kathrin Eimler | ISBN 978-3-8346-6676-5 | Glühbirne: © vectorplus; Mädchen: © NotionPic – beide Shutterstock.com

32 Wassertropfen-Fangen

Ort	Waschraum
Ziele	durch Experimentieren zur Ruhe kommen, aufmerksam sein, Geduld
Gruppengröße	bis 2 Kinder
Alter	ab 3 Jahren

Situation

Im Waschraum geht es manchmal recht turbulent zu. Statt Hände zu waschen, gibt es eine Wasserschlacht, die Kinder rangeln um die Waschbecken und das Wasser läuft in Strömen. Unterstützen Sie die Kinder, damit sie zur Ruhe kommen.
Nutzen Sie die Zeit des Händewaschens, um das Bewusstsein für das Wassersparen zu wecken.

Experiment

Die Kinder stehen vor den Waschbecken. Geben Sie ihnen zunächst den Auftrag, das Wasser in einem leichten Strahl bzw. in Tropfen laufen zu lassen. Es ist gar nicht so einfach und erfordert Konzentration, diese Dosierung einzustellen. Erklären Sie den Kindern nebenbei, dass Wasser wertvoll ist und wir sparsam damit umgehen müssen.

Als Nächstes bekommen die Kinder die Aufgabe, einzelne Wassertropfen mit einem Finger aufzufangen. Der Wassertropfen soll dabei auf einer Fingerspitze liegen bleiben. Klappt das? Betrachten Sie gemeinsam den Wassertropfen. Was passiert, wenn das Wasser auf den Finger tropft?

Nun darf das Wasser vom Finger in das Waschbecken gepustet werden. Hier kann das Kind mit der Luft experimentieren. Was passiert, wenn man wenig bzw. wenn man stark pustet?

Regen Sie die Kinder an, auszuprobieren, mit welchem Finger das Wassertropfen-Fangen am einfachsten gelingt.

Nehmen Sie die Seife hinzu. Wenn die Hände gut eingeschäumt sind, können die Kinder beobachten, wie es aussieht und wie lange es dauert, wenn nur ein Wassertropfen die Seife wieder abwäscht. Hier sind Geduld, Aufmerksamkeit und Beobachtungsgabe gefragt.

© Verlag an der Ruhr | Autorin: Kathrin Eimler | ISBN 978-3-8346-6676-5 | Junge und Seifenblasen: © Felink - Creative Studio - Shutterstock.com